고양이는
어디에
살고 있을까

JN367603

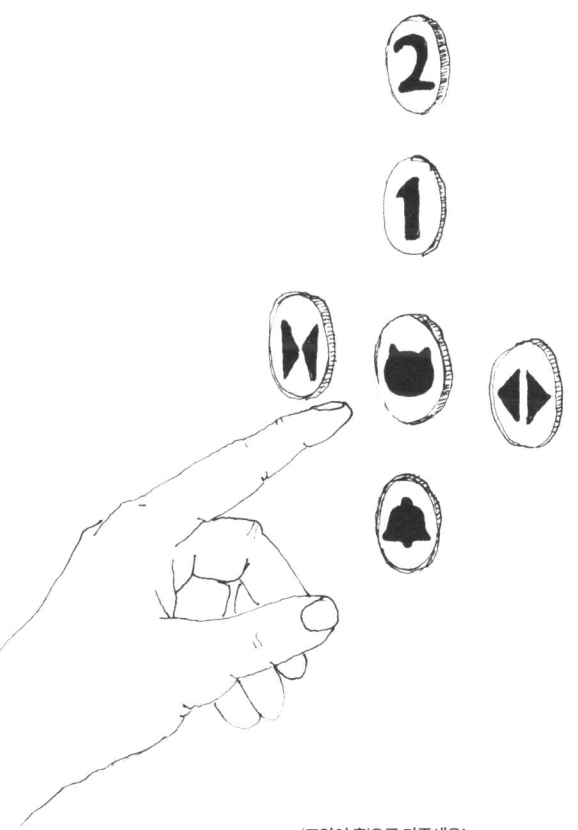

'고양이 층'으로 가주세요!

HABIT©AT

Copyright © 2014 by Atelier HOKO All rights reserved.
Korean Translation Copyright © 2025 by press tac!
Korean edition is published by arrangement with Atelier HOKO.
이 책의 한국어판 저작권은 아틀리에 호코와 독점 계약한 프레스탁!에 있습니다.
저작권법에 의해 한국 내에서 보호를 받는 저작물이므로 무단 전재와 복제를 금합니다.

『고양이는 어디에 살고 있을까』는 싱가포르의 한 동네에서 길고양이들이 살아가는 방식을 탐구한 책이다. 우리는 고양이들이 인간이 만든 도시에서 주변 환경과 어떤 관계를 맺는지 관찰했다. 고양이들이 도시 곳곳에 적응해 자기만의 방식으로 살아가는 모습을 보고 있노라면, 도시가 그저 공공장소가 아니라 다양한 가능성이 펼쳐지는 공간임을 알게 된다. 인간이라면 모름지기 자신을 둘러싼 공간의 미묘한 차이를 포착하고, 주변 환경이 주는 '선물gift'을 기가 막히게 찾아내는 고양이들의 감각과 지혜를 겸손한 자세로 배워보자. 우리의 거주지를 새롭게 바라보게 될지어니.

일러두기

1. 단행본, 정기간행물에는 겹낫표(『 』)를, 영화, 소제목 등에는 홑낫표(「 」)를 사용했다.
2. 별도의 표시가 없는 각주는 모두 옮긴이의 것이다.
3. 외래어 표기는 국립국어원 외래어표기법을 따랐으나, 일부 굳어진 표현은 그대로 사용했다.

목차
CONTENT

- 6 보이드 스페이스를 채우는 연결들 The fullness of connections in void spaces
- 10 프롤로그 Prologue

싱가포르 고양이를 찾아서

- 16 싱가포르 Singapore
- 18 주거 타운 Residential town
- 20 동네 Neighbourhood
- 22 아파트 주거동 유형 Block typology
- 24 아파트 주거동 Block
- 26 보이드 데크 Void deck
- 28 고양이 Cats

고양이 동네로 들어가기

- 32 사이트 Site
- 34 사이트 다이어그램 Site diagram
- 36 사이트 지도 Site map
- 38 구조물 Facilities
- 40 재질 Textures
- 42 낮·밤 일조 Day·Night light
- 46 미기후 Micro-climate
- 50 복잡한 영역 High activity areas
- 51 조용한 영역 Low activity areas
- 52 고양이 / 행동반경 Cats / Range

고양이 동네에는 무엇이 있을까

- 56 사이트 다이어그램 Site diagram
- 58 지상 배수로 Ground gutter
- 60 도로경계석 Curb
- 62 L자형 기둥 Pillar L
- 64 C자형 기둥 Pillar C
- 66 오토바이 덮개 Bike cover
- 68 잔디밭 Grass patch
- 70 나무 Trees

고양이는 어떻게 살고 있을까

- 74 사이트 다이어그램 Site diagram
- 76 아침을 시작하는 사람들 Morning people
- 78 사교적인 고마 Social Goma
- 80 햇볕 쬐기 Sun bath
- 82 자동차 아래 Under vehicles
- 84 언덕 기슭 Bottom of hill
- 86 메자닌 Mezzanine
- 88 햇볕과 그늘 Sun & Shade
- 90 방금 도착한 자동차 Freshly parked car
- 92 급식소 Feeding

벽 없이 사는 법

- 96 사이트 다이어그램 Site diagram
- 98 언덕 위 Atop a hill
- 100 자동차 사이 Between cars
- 102 서로 가까이 Closer
- 104 지하 Underground
- 106 덤불 Bushes
- 108 늘어선 자전거 Parked bicycles
- 110 그림자 Shadows
- 112 자동차 지붕 On the car roof

고양이처럼 살기

- 118 L자형 기둥 집 Pillar L house
- 120 바람의 집 Wind house
- 122 소리 울타리 Auditory fence
- 124 감시의 집 View house
- 126 냄새의 집 Olfactory border

- 129 에필로그 Epilogue
- 130 부록 Appendix
- 147 작가 인터뷰 - 고양이 세계를 그저 바라본다는 것
- 152 추천의 글 - 연민을 거두면 비로소 보이는 것들

보이드 스페이스를 채우는 연결들
The fullness of connections in void spaces

글 | 카렌 와이 Karen Wai

서식지는 저절로 생겨난 공간이 아니라, 생명체가 보이드void✥에서 만들어낸 공간이다. 서식지에 대해 이야기하려면 반드시 보이드에서 출발해야 한다. 하지만 사람들은 서식지가 주는 따뜻함, 안락함, 보살핌, 먹거리와 편의시설을 찬양하면서도 서식지가 비롯된 보이드에는 주목하지 않는다.

인구와 건물 밀집도가 높은 작은 도시국가 싱가포르에서는 보이드 스페이스가 사람들이 숨을 돌리고 사색할 수 있는 소중한 틈새 공간이 되어준다.[1] 도시계획가들은 아파트 한 동에 수백 세대를 살게 하려면, 이 전례 없는 인구 밀도가 가져올 파장을 고려해야 한다는 점을 잘 알고 있었다.

한 사람이 마땅히 누려야 할 물리적, 정신적 영역이 가차 없이 축소되면서 개인 공간과 공공 공간의 절충이 시급한 과제로 떠올랐다.[2] 도시계획가들은 이 과제를 해결하고 공동체의 유대를 강화하고자 도시 계획에 빈 공간을 포함시켰다.

보이드는 본래 영혼 없이 텅 빈 공간이다. 여기에 의미를 불어넣는 것은 그 안에서 살아가는 사람, 생명체, 자연이다. 이들은 자기만의 방식으로 공간을 해석하고, 개성을 투영하면서 자신을 공간의 일부로 확장해 나간다. 내가 사는 동네에도 다양한 거주자들이 살아간다. 저마다의 이야기가 얽히고설키면서 한 공간 안에서 다채로운 우주가 펼쳐진다.

매일 밤, 한 젊은 이주 노동자가 붐비는 숙소에서 빠져나와 보이드 데크로 간다. 그는 매끈한 기둥에 기대어 밤바람을 맞으며 태블릿으로 영화를 본다. 종종 아내에게 전화를 걸어 잔잔한 목소리로 노래를 불러준다. 주말 풍경은 조금 다르다. 한 남자가 묵묵히 전통 무술인 기공 수련에 몰두한다. 그의 호흡은 고르고 규칙적이다. 사람들이 지나가도 개의치 않는다. 놀라울 정도로 오랫동안 한 자세로 버틴다. 그가 땀을 흘리는 모습은 한 번도 본 적이 없다.

이 책에서 곧 만나게 될 고양이 고마는 L자형 기둥이 만들어낸 아늑한 구석에서 낮잠을 잔다. 62쪽을 펼쳐보자.

아기를 안고 복도를 따라 거니는 할머니는 둘만의 세상에 머무는 듯하다. 사랑스러운 손주에게서 눈을 떼지 못한 채 다정한 목소리로 자장가를 불러준다. 아이에게 집중하느라 우리가 가까이에 있다는 사실도 알아채지 못한다.

공용 복도와 보이드 데크는 이러한 연결로 가득 차 있다. 이들 중 누구도 이웃과 직접 교류하지는 않지만 그 안에서 어떤 충만함을 느낀다. 보이드 스페이스는 사랑하는 사람, 마음, 자연, 무엇보다 자기 자신과 연결되는 정신적 공간이다.

우리가 내면을 돌보는 힘을 익힐수록 이 돌봄의 욕구는 바깥으로 확장되기 마련이다.[3] 이곳에도 자신을 돌보는 것에서 한 걸음 더 나아가 공공 공간과 낯선 사람에게 마음을 쏟는 이들이 있다.

한 노부부는 공동 텃밭에 고구마, 고추, 바나나, 파파야, 아보카도 같은 과일과 채소를 심는다. 이 부부는 6년 간 농사를 지어왔고, 언제나 기꺼이 나눌 준비가 되어 있다.

금이 간 담벼락에는 잡초가 단단하게 뿌리를 내리고, 잔디밭 그늘막 아래에는 노인들이 모여든다. 저마다 흔들의자, 라디오, 냉장고, 선풍기를 들고나와 자리를 잡는다. 노인들은 커피잔을 앞에 두고 붉게 물든 하늘을 바라보면서 지나가는 친구에게 어서 오라고 나른하게 손짓을 보낸다.

나는 식물 키우는 것을 좋아한다. 우리 집 현관에서 이웃집 현관까지 이어지는 정원을 가꾸고 있다. 이제 집 앞 콘크리트 바닥은 단순한 통행로가 아니라 아늑한 허브 정원이 되었다. 이웃이 문을 열고 나오면 우리는 갓 수확한 허브와 씨앗을 교환하고, 삶에서 배운 지혜를 나눈다.

우리 동네 이야기는 수많은 도시 문명에서 숱하게 반복된 친숙한 이야기들과 닮았다. 도시계획가의 이야기가 아니라 이곳에서 살아가는 사람들이 풀어낸 이야기다. 빈민가든 임시 거주지든 황폐한 마을이든 오지 공동체든 어디에서 살아가든 사람들은 모두 자신들의 필요에 맞춰 서식지와 보이드를 설계하고 절충하며 살아간다.

✥ 보이드(void): 빈 공간. 건축에서 보이드는 복도, 필로티, 보이드 데크 등 건물이나 구조물 내에서 의도적으로 비워둔 공간을 의미한다.

우리의 영역은 텅 비어 있을 때도, 무언가로 채워질 때도 있지만, 결국 우리 자신을 공간의 형태로 확장한 것이나 다름없다. 공간은 인간, 자연, 생명체와 관계 맺는 방식에 따라 자라나고 숨쉬며 변한다. 물리적으로 한정되어 있는 동시에 유동적이어서 우리가 어떻게 정의하고 활용하느냐에 따라 크기와 경계가 달라진다. 공적이면서 사적이고, 철저히 기능적이면서 인간적인 특성도 지닌다. 우리의 삶과 공간이 뒤얽힐 때 작은 우주가 펼쳐진다. 그 안에서 우리의 이야기는 계속 흐를 것이다.

1.　　　　1960년, 첫 번째 공영 주택이 탄생했다. 인구 밀도가 높은 싱가포르에는 사람들이 숨을 돌리고 다른 이들과 교류할 수 있는 조용한 빈 공간, 일종의 완충지대가 필요했다. 싱가포르의 주택 곳곳에는 공공 활동을 위한 빈 공간이 많다. 보이드 데크와 공용 복도, 공원은 이러한 이유에서 만들어진 건축적 결과물이다. 주민들의 만남이 자연스럽게 이루어지도록 보이드 데크에는 야외 테이블을, 공원에는 벤치를, 잔디밭에는 그늘막과 놀이터를 설치했다.

2.　　　　인류학자 에드워드 홀(Edward T. Hall)은 1966년 인간의 상호작용과 공간의 상관관계를 설명하는 근접학(proxemics) 개념을 고안했다. 그는 집, 건물, 도시 안에서의 공간 구성이 사람들의 상호작용 방식에 끼치는 영향을 연구했고, 친밀한 거리·개인적 거리·사회적 거리·공적 거리 사이의 연관성을 묘사한 사회적 거리 다이어그램을 개발했다. 그러나 고양이는 생각이 좀 다른 것 같다. 102쪽을 보라.

3.　　　　2년 전, 남편과 나는 싱가포르 도심의 한 공영 주택 단지에 집을 마련했다. 이곳에서 내가 주변 환경과 얼마나 긴밀히 연결될 수 있는지 직접 알아보기로 했다. 처음에는 용도가 정해진 방 몇 개로 구성된 아파트에 싱크대, 변기, 오븐, 냉장고, 침대, 샤워기, 세탁기 등 필요한 것들을 채워 넣었다. 기본 시설만으로 충분했지만 더 편안하게 지내고자 테이블, 의자, 천장 선풍기도 들였다. 물리적 필요가 어느 정도 충족되자 '우리 집'이라 불리는 이 공간에 심리적 애착이 생겼다. 나도 모르게 공간 곳곳을 우리가 소중히 여기는 책과 오브제와 꽃으로 꾸미기 시작했다. 좋아하는 것들로 집 안을 채울수록 공간과 더욱 단단하게 연결되는 것 같았다. 물론 이러한 것들이 없어도 아파트는 거주 공간으로 기능하겠지만, 우리가 공간에 불어넣는 온기와 애착은 집에 느끼는 연결감과 맞닿아 있다.

카렌 와이(Karen Wai): 1984년생. 영화감독, 아트 디렉터, 작가. 응이앤 폴리텍에서 영화를, 싱가포르 국립대학에서 문학을 공부했다. 2005년 서점 북스액츄얼리(BooksActually)와 출판사 매스페이퍼프레스(Math Paper Press)를 공동 설립했다. 2013년부터 지역사회 역량 강화 예술 집단인 거리의 보석들(Diamonds On The Street)을 비롯해 여러 사회 프로젝트에 참여해 왔다. 현재 사진작가인 남편과 함께 영화 스튜디오 퍼레볼리(Parabole)를 운영하며 다큐멘터리를 제작하고 있다.

프롤로그   아틀리에 호코
                                        Atelier HOKO

우리는 여느 싱가포르 사람들처럼 공영 주택 단지에 산다. 단지 내 통행로, 야외 주차장, '보이드 데크'라 부르는 빈 공간을 지날 때마다 딱딱한 콘크리트 바닥에 널브러진 길고양이들을 마주친다. 깊이 잠든 고양이도 있고, 멍하니 하늘을 바라보는 고양이도 있다. 대부분 우리를 경계하지만, 몇몇은 기꺼이 다가와 다리에 몸을 비비거나 옷과 신발에 코를 대고 킁킁거린다. 시간이 지나면서 우리는 고양이들을 하나하나 알아보고 즉흥적으로 이름을 지어주었다. 종종 걸음을 멈추고 그들을 쓰다듬거나 "야옹" 하고 인사를 건네기도 한다. 도심의 주거지는 고양이에 대한 이해나 배려 없이 설계되었음에도 고양이들은 생각보다 편안하게 지내는 듯하다. 가끔은 우리가 그들의 공간에 침입한 게 아닐까 싶어 민망한 마음에 눈알만 굴린다. 매일 고양이와 교류하고 그들을 관찰하면서 능숙하게 거주지를 구축하는 고양이의 숨은 능력이 궁금해졌다.

고양이가 도시 환경에서 편안하게 살아가려면 무엇이 필요할까? 고양이에게도 '집'이라는 개념이 있을까? 그렇다면 고양이의 집은 어떻게 생겼을까?

모든 길고양이에게 바칩니다
dedicated to all street cats

싱가포르 고양이를 찾아서

작은 섬나라 싱가포르에서는 인구의 약 80퍼센트가 정부에서 건설한 공영 주택 단지에 산다. 동네 곳곳에 조성된 크고 작은 주택 단지는 도심의 혼잡을 완화하기 위해 싱가포르 섬 전역에 흩어진 채 주거 공간을 제공한다. 아담한 4층 건물부터 높이 치솟은 50층 건물까지, 건물의 크기와 형태는 제각각이다. 싱가포르의 면적이 고작 710제곱킬로미터이고, 이 작은 땅덩어리에 약 540만 명(2013년 인구조사 기준)이 살아간다는 사실을 감안하면 놀라운 일도 아니다.

싱가포르 Singapore

싱가포르 섬은 크게 도심이 있는 남쪽과 주거 및 상업 지구가 있는 나머지 지역으로 나뉜다. 산업 활동은 주로 섬의 서쪽 끝에서 이루어지는데, 공장에서 발생하는 오염물이 싱가포르 내륙으로 퍼지지 않도록 하기 위해서이다.

면적 | 716.1km²
인구 | 5,400,000명
밀도 | 1km²당 7,540명

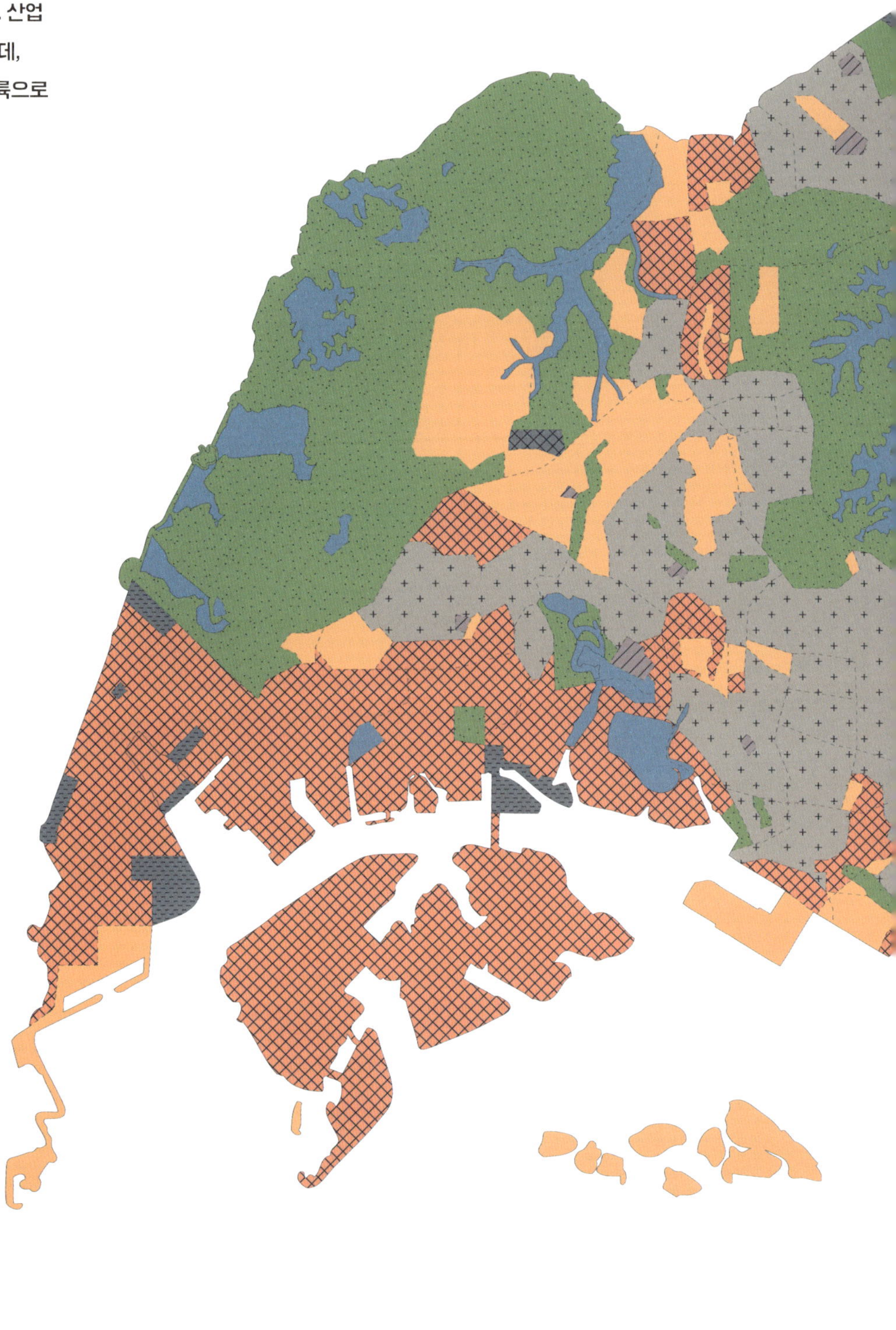

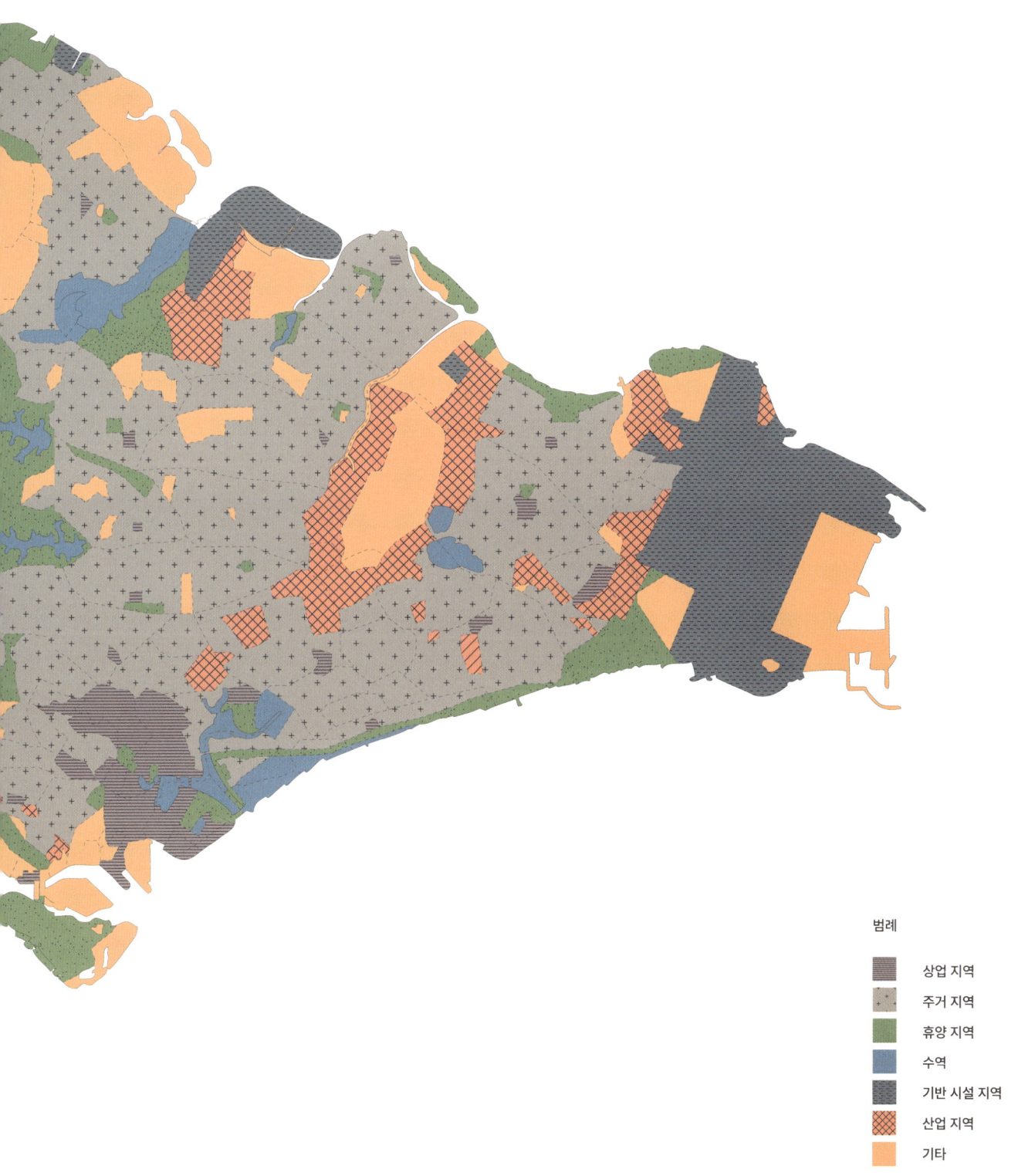

주거 타운 Residential town

주거 타운은 전철역, 버스 터미널, 종합 운동장, 대형 쇼핑몰이 위치한 도심과 작은 동네들로 이루어져 있다. 주민들의 생활을 돕는 학교, 공원, 종교 시설, 주유소, 식당가, 시장 같은 편의 시설도 들어서 있다.

⑩ 커뮤니티 센터

면적 | 20.61km²
인구 | 216,100명
밀도 | 1km²당 10,000명
주거 세대수 | 61,500세대

① 공원

② 주유소

③ 교회

④ 공공 도서관

⑤ 종합 운동장

⑥ 버스 터미널

⑦ 쇼핑몰

⑧ 수영장

⑨ 전철역

⑪ 이슬람 사원
⑫ 폴리텍 대학
⑬ 학교
⑭ 동네 중심가
⑮ 중국 사원
⑯ 슈퍼마켓
⑰ 놀이터
⑱ 호커 센터✤

✤ 호커 센터: 싱가포르에서 발달한 대형 푸드코트로 각종 노점이 모여 있다. '호커(hawker)'는 과거에 노동자들이 모이는 곳을 따라다니며 음식을 판매하던 노점상을 뜻한다.

동네 Neighbourhood❖

❖ 동네(neighbourhood): 도시계획에서 neighbourhood는 20세기 초 미국 도시계획가 아더 페리(C.A. Perry)가 제안한 교외 주거지 모델로서 '근린주구'로 번역되나, 일반 독자의 이해를 돕기 위해 '동네'로 옮겼다.

동네는 일상 생활에 필요한 모든 것을 거주 구역 안에서 해결할 수 있도록 계획된 곳이다. 기본 편의시설이 잘 갖춰져 있고, 단거리 버스 노선으로 도심과 연결된다. 시간이 지나면서 주민들은 자연스럽게 친밀해진다. 주말 아침이면 장을 보러 나온 주민들로 동네 분위기가 활기차고 분주해진다.

면적 | 4.12km²
인구 | 43,220명
밀도 | 1km²당 2,000명
주거 세대수 | 12,500세대

① 아파트

② 농구 코트

③ 야외 체육시설

④ 놀이터

⑤ 빵집

⑥ 노인 쉼터

⑦ 버스 정류장

⑧ 재래시장

⑨ 주차장

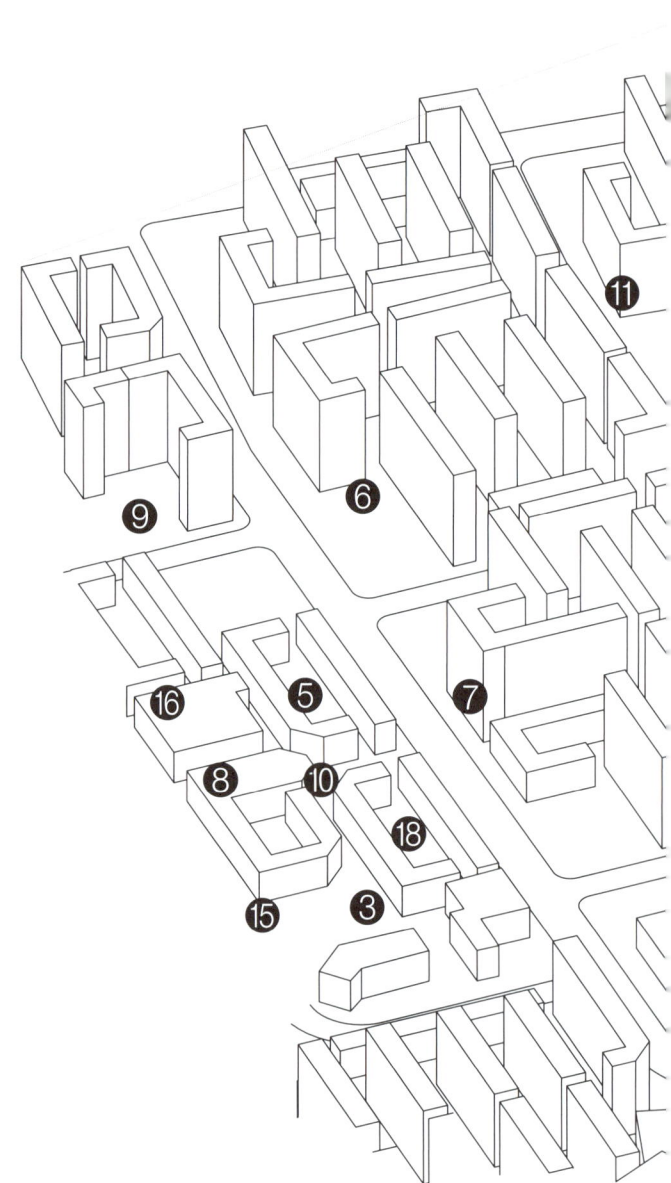

⑩ 커피숍

⑪ 어린이집

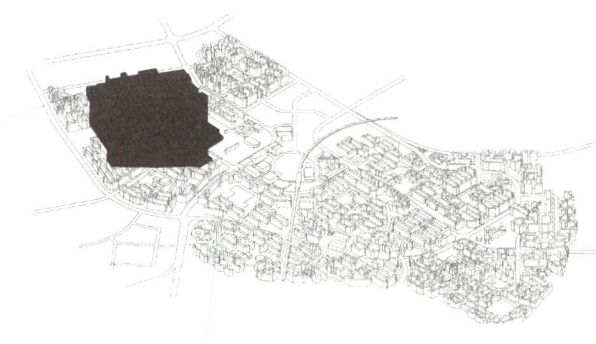

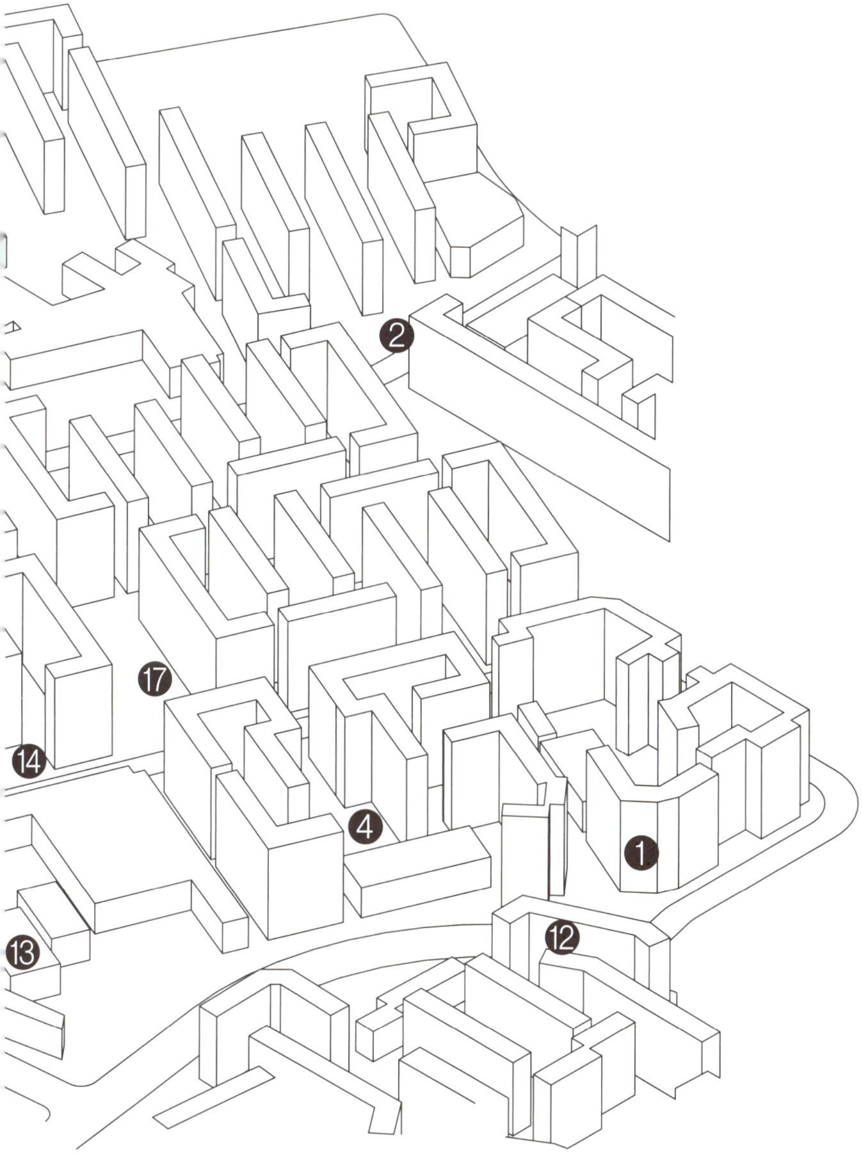

⑫ 주민 쉼터

⑬ 학교

⑭ 커뮤니티 정원

⑮ 셀프 세탁소

⑯ 이발소

⑰ 소형 마트

⑱ 병원

아파트 주거동 유형 Block typology

판상형 주거동 slab block 1960s

초기의 주거동 유형 중 하나로, 널빤지 같은 형태 때문에 판상형이라고 불린다. 공용 복도가 일자로 길게 이어지고, 집 안으로 들어오는 직사광선을 차단하기 위해 각 세대가 복도 안쪽으로 배치되어 있다. 복도는 이웃과 교류하는 비공식적 만남의 장소이기도 하다.

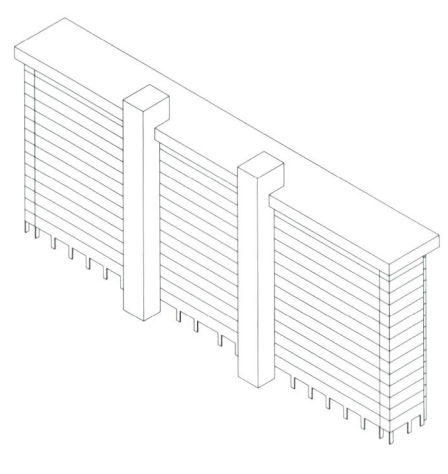

탑상형 주거동 point block 1970s

초기에 도입된 주거동 유형 중 하나로, 한 집에 넓은 방 다섯 개가 들어가고 각 층에 네 세대만 살도록 설계되어 인기가 많았다. 보통 탑상형 주거동은 여러 세대를 수용하기 위해 판상형보다 높게 짓는다.

C자형 주거동 C block 1970s

'구부러진' 판상형 주거동은 방향에 따라 달라지는 일조권이나 조망권 문제를 해결하기 위해 설계했다. 납작한 판상형 아파트 단지의 단조로움을 깨고, 보행자와 차량에게 그림 같은 도시 경관을 선사한다.

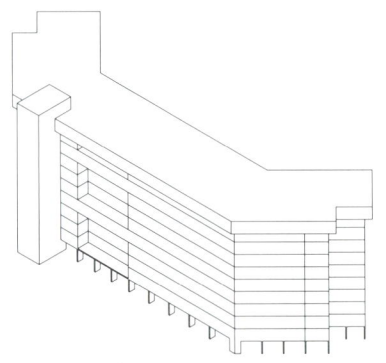

❖ [지은이] 실제 아파트 주거동 설계 유형에는 여섯 가지 이상이 있지만, 여기에서는 가장 중요하고 널리 사용되는 유형을 소개한다.

J자형 주거동 J block 1980s

J자형 주거동은 복층 세대 maisonettes 중심으로 설계되었다. J자 형태에 따라 굴곡지는 주거동 끝부분에는 단층 세대가 들어가는데, 복층 세대 두 개 층을 하나로 합쳐서 펼친 형태이다.

비탈형 주거동 slope block 1980s

지붕을 비탈지게 설계한 특별한 이유는 없지만, 비탈형 주거동은 동네에서 눈에 띄는 랜드마크 역할을 한다. 이 지역에 친구가 산다면 초행길도 걱정 없다. 경사진 지붕을 찾으면 길 찾기가 수월해진다.

50층 주거동 50-storey block 2000s

50층 높이로 솟아올라 1,848세대를 수용하는 이 주거동은 싱가포르 섬 남부에서 볼 수 있다. 도심 접근성이 뛰어나서 주민들이 생활하기에 편리하다. 땅이 부족한 나라에서 급속한 인구 증가 문제를 해결하고자 초고밀도 주택 계획의 일환으로 설계했다.

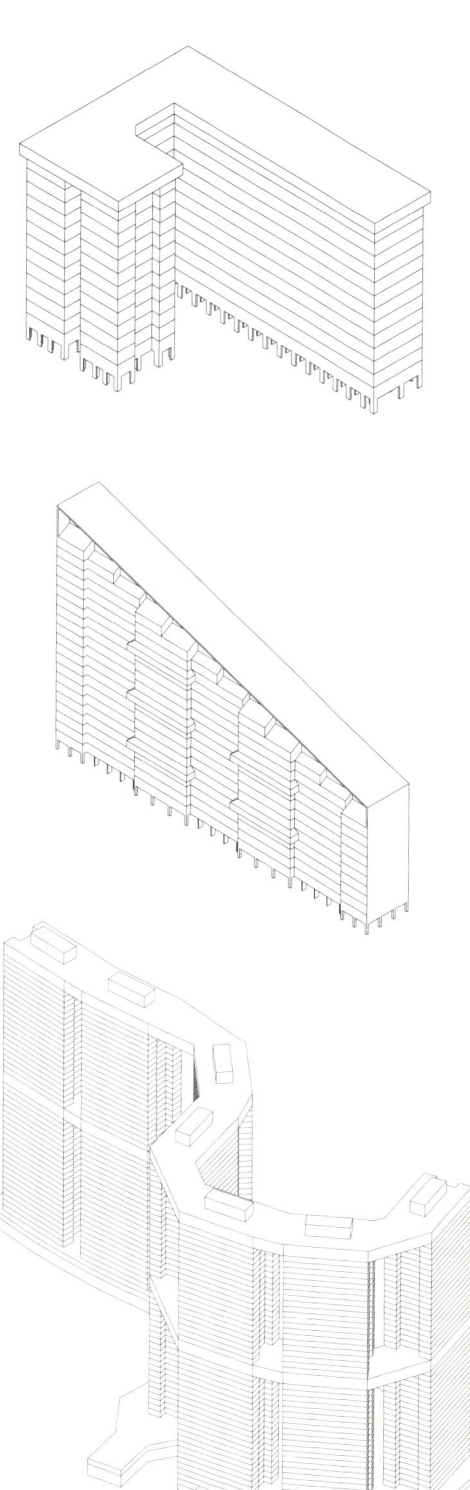

아파트 주거동 Block

주거동 block
주거동 한 층에는 약 8~12세대가 산다. 일부 세대는 세탁이나 가사 작업을 위한 서비스 야드와 발코니 같은 추가 시설을 갖추고 있다. 최근에는 혹시 모를 폭격에 대비하여 방공호가 도입되었다. 평소에는 방공호를 가사 도우미의 침실이나 창고로 사용한다.

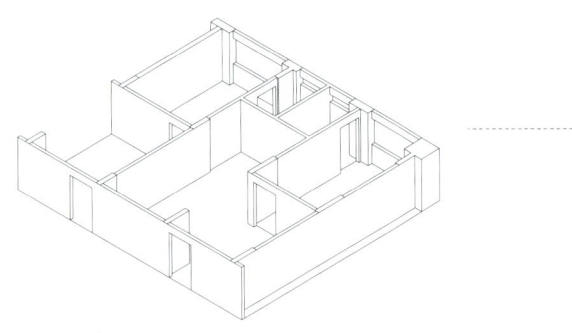

4룸 세대 4-room flat
약 90제곱미터 크기에 방 네 개로 구성된 공간. 3~5인 가족이 생활하는 데 필요한 기본 거주 조건을 갖추고 있다.

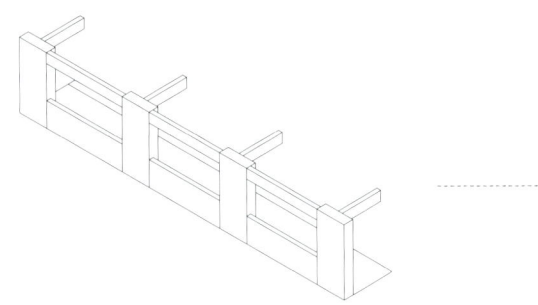

공용 복도 common corridor
공용 면적인 복도는 각 세대를 연결하며, 주민들의 주요 통행로 역할을 한다. 이웃끼리 교류하는 공간으로도 활용된다.

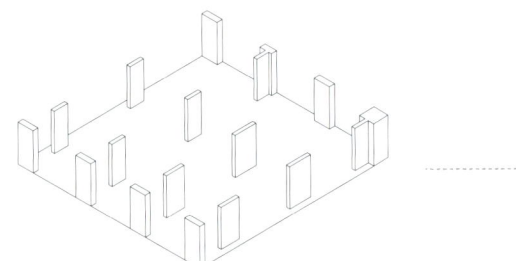

보이드 데크 void deck
주거동 지상층의 빈 공간으로, 기둥 위쪽은 막혀 있고 사방은 열려 있다. 주민들이 편하게 오가며 교류하거나, 지역 사회 활동을 할 수 있도록 의도적으로 비워두었다.

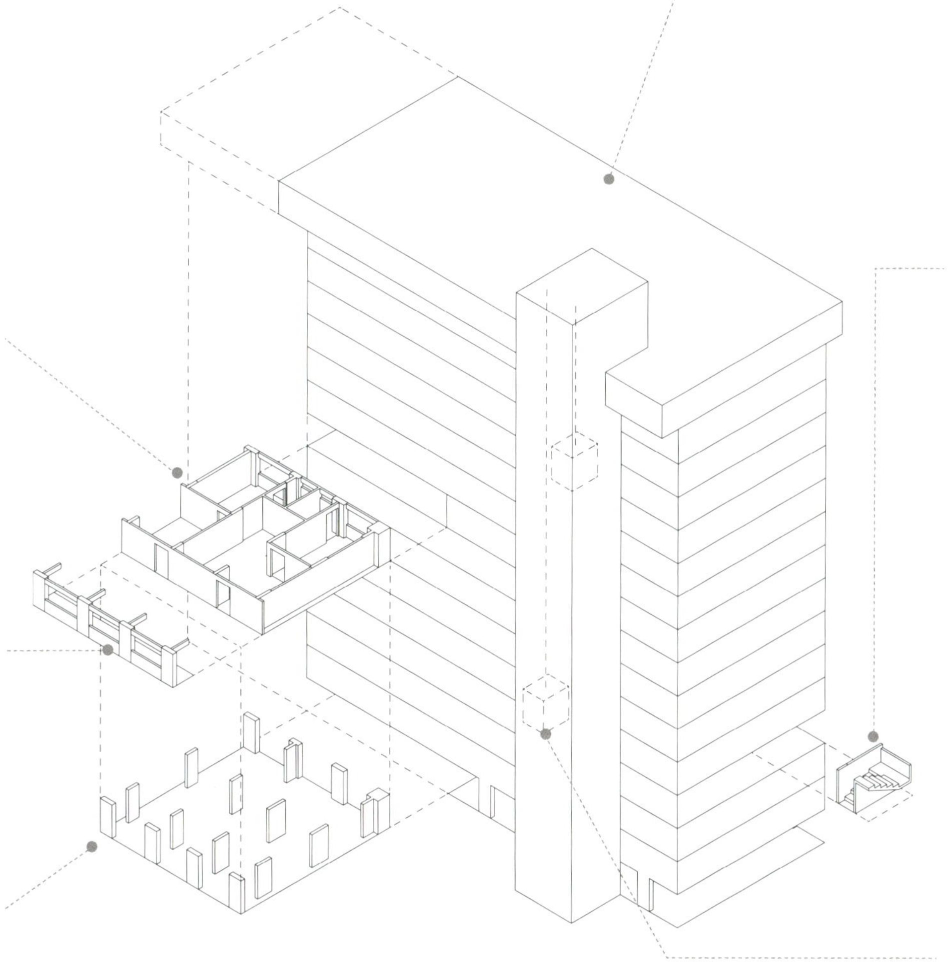

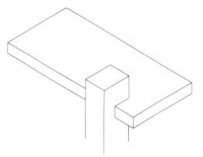

옥상 roof

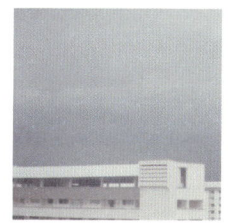

옥상에는 주민들에게 식수와 생활용수를 공급하는 중앙 물탱크가 설치되어 있다. 엘리베이터가 고장나면 수리 기사는 옥상을 통해 모터에 접근하여 점검을 진행한다. 안전상의 이유로 주민들은 옥상에 출입하지 못한다.

계단 staircase

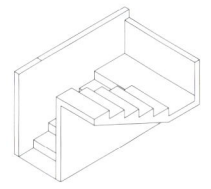

계단은 보통 엘리베이터 근처와 아파트 복도 양쪽 끝에 있다. 주로 저층에 거주하는 주민들이 이용하며, 비상계단으로도 사용된다.

엘리베이터 lift

엘리베이터는 성인 8~12명을 수용할 수 있다. 모든 층에서 이용할 수 있지만 화재가 발생하면 타지 말자.

보이드 데크 Void deck

1931년, 프랑스 건축가 르 코르뷔지에Le Corbusier의 손꼽히는 건축물 중 하나인 빌라 사부아Villa Savoye가 완공되었다. 파리 외곽 푸아시Poissy 지역에 위치한 이 모더니즘 빌라는 르 코르뷔지에의 '건축의 5원칙 Five Points of Architecture'을 구현한 선언문 같은 작업이다.

빌라 사부아에서 가장 눈에 띄는 요소는 땅과 건물 사이의 빈 공간 필로티다. 지면에서 건물을 들어 올린 구조 덕분에 건물 아래의 공간이 정원으로 자연스럽게 이어진다.

싱가포르에서는 아파트를 설계할 때 '필로티' 개념을

도입했고, 이를 '보이드 데크'라고 부른다. 이 실용적인 공간은 동네 주민들이 지나다니고 모이고 연결되는 '광장'을 만들려는 도시 계획과 잘 맞아떨어졌다.

보이드 데크는 건물의 구성 요소 중 구조벽과 기둥만 지면 위에 남겨두면서 형성된 반半 개방형 공간이다. 위층 주거 공간의 '그림자'처럼 보이기도 한다. 이곳에 들어서면 노출된 파이프와 철골빔 등 낯설고 복잡한 요소들이 눈에 띈다. 이 모든 것은 구조공학자만 이해할 수 있다.

지상의 열린 공간은 주민들이 오가는 통로일 뿐 아니라 지역 사회 공간으로도 활용된다. 주민들은 이곳에 모여 결혼식이나 장례식 같은 의례를 치르며 기쁨과 슬픔을 나눈다.

오늘날 사생활을 중시하는 가치관이 확산되고 주거 환경이 전반적으로 개선되면서, 보이드 데크는 사회적 결속이 일어나는 활기찬 장소가 아니라 단순한 통로로 여겨진다. 이제 이곳에서 우리를 맞이하는 건

'길고양이 주민'뿐. 고양이들은 누구의 방해도 받지 않고 자연스레 동네 풍경에 스며들었다. 우리 곁에서 자유롭게 살아가지만, 인간 주민들은 푸르스름한 불빛을 내뿜는 휴대폰 화면에 얼굴을 파묻은 채 고양이 곁을 무심히 지나쳐버린다.

그런데 이 고양이들은 누굴까?
어디에서 왔을까?

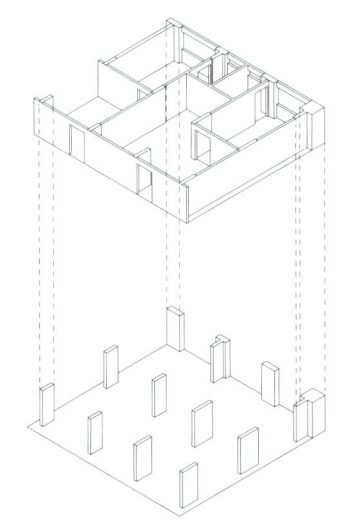

축구하는 아이들

주민과 고양이가 함께 쓰는 보이드 데크의 벤치와 테이블

말레이식 결혼식

중국식 장례식 경야(經夜)

보이드 데크에 자리 잡은 작은 독립 생필품 노점상 '마마숍(mama-shop)'

일상을 보내는 고양이들

고양이 Cats

고양이는 북적이는 도심보다는 주거 지역에서 발견된다. 당연한 일이다. 도시는 너무나 거대하고 지루하며, 차와 관광객과 쥐 들로 가득하기 때문이다. 게다가 도심 한복판에 사는 사람들은 그다지 친절하지 않고 늘 어딘가로 허둥지둥 뛰어다닌다. 그뿐이랴, 환경미화원 부대는 도로 구석구석의 쓰레기들을 어찌나 말끔히 치우는지, 고양이들이 먹이를 구하는 일은 녹록지 않다.

그렇다면 이 동네에 사는 고양이들은 도대체 어떻게 여기까지 왔을까? 진지하게 조사해봤지만 이렇다 할 결론을 내리지 못했다. 다만 몇 가지 단서를 발견했는데, 이를 바탕으로 네 가지 시나리오를 상상해보았다.

고양이들이 모여들면서 개체수가 증가하자 지역 당국이 개입하여 매년 고양이 약 13,000마리를 살처분했다. 학살이나 다름없는 조치에 당연히 비난이 쏟아졌다. 살처분을 중단하라는 비판의 목소리가 거세지자, 당국은 중성화 수술TNR❖을 시행하는 방향으로 정책을 바꾸었다. 이 변화는 긍정적인 반응을 얻었고, 고양이들에게도 나은 대안이었다. 이제는 곳곳에서 귀 끝이 잘린 고양이를 볼 수 있는데, 이는 TNR을 받았다는 표식이다. 사람들은 '길고양이 stray cats' 대신 '동네고양이 community cats'라고 부르기 시작했다. 어디까지나 인간들의 어설픈 이름 바꾸기일 뿐 고양이들은 조금도 신경 쓰지 않을 것이다.

TNR로 귀 끝이 잘린 고양이

한낮의 열기를 피해 나무 그늘 아래로

계단 위에서 달콤한 낮잠에 빠진 고양이

야외 주차장 자동차 아래에서 사람 구경 중

낙하산을 타고   버스를 타고

배를 타고   지하도를 통해

❖ TNR: Trap(포획)-Neuter(중성화 수술)-Return(방사)의 준말이다. 길고양이 개체수를 적절하게 유지하기 위해 고양이를 인도적인 방법으로 포획하여 중성화 수술 후 포획한 장소에 풀어주는 활동이다.

고양이들은 꽤 여유롭고 편안하게 생활한다. 4인 가족이 거주하는 평균 면적의 거의 열 배에 달하는 공간을 차지하고 있으니 말이다. 어찌 보면 당연한 일이지만 다소 황당한 수치이기는 하다. 물론, 고양이는 숫자에 전혀 관심이 없을 것이다.

길고양이는 주로 보이드 데크, 주차장, 산책로, 배수로, 녹지로 이루어진 지상 공간에 거주한다. 그렇다면 지상층을 고양이 '거주지'로 상상해볼 수도 있겠다. 엘리베이터 버튼에 '고양이 층'을 만들어보면 어떨까?

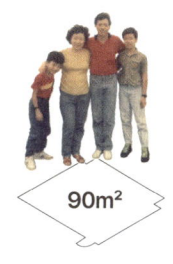

90제곱미터 아파트에 사는 4인 가족. 만족하며 지내는 중이다.

700제곱미터 보이드 데크에 사는 고양이 한 쌍. 주변의 다른 지상 공간도 제집처럼 드나든다. 고양이들은 아주 만족스럽다.

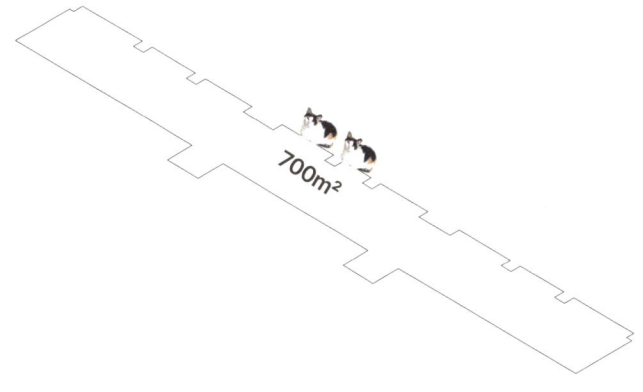

인간과 고양이의 동네 공간 '소유권'을 나타내는 평면도

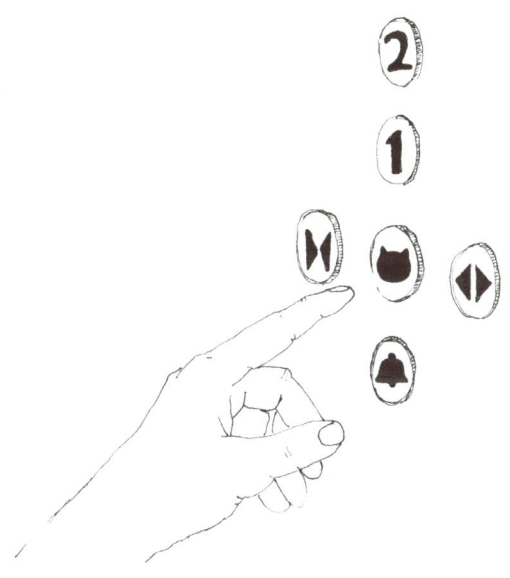

'고양이 층'으로 가주세요!

보이드 데크에서 한가로이 노니는 고양이들

고양이
　　동네로
들어가기

사이트 Site

성격이 제각각인 네 길고양이들이 거주하는 약 25,000제곱미터 면적을 앞으로 조사할 사이트✧로 선정했다. 보이드 데크, 콘크리트 보도, 잔디밭, 배수로, 모자이크 타일 바닥, 지상 배수로, 하수관, 자전거, 자동차, 오토바이, 야외 주차장, 인간, 강아지, 나무, 가로등, 새, 덤불, 기둥, 계단, 고층에서 투척한 쓰레기… 이 구역은 전형적인 지상층 공간이다.

✧　　사이트(site): 건축 및 도시 계획에서 건물이나 구조물이 위치하는 물리적 공간을 뜻한다.

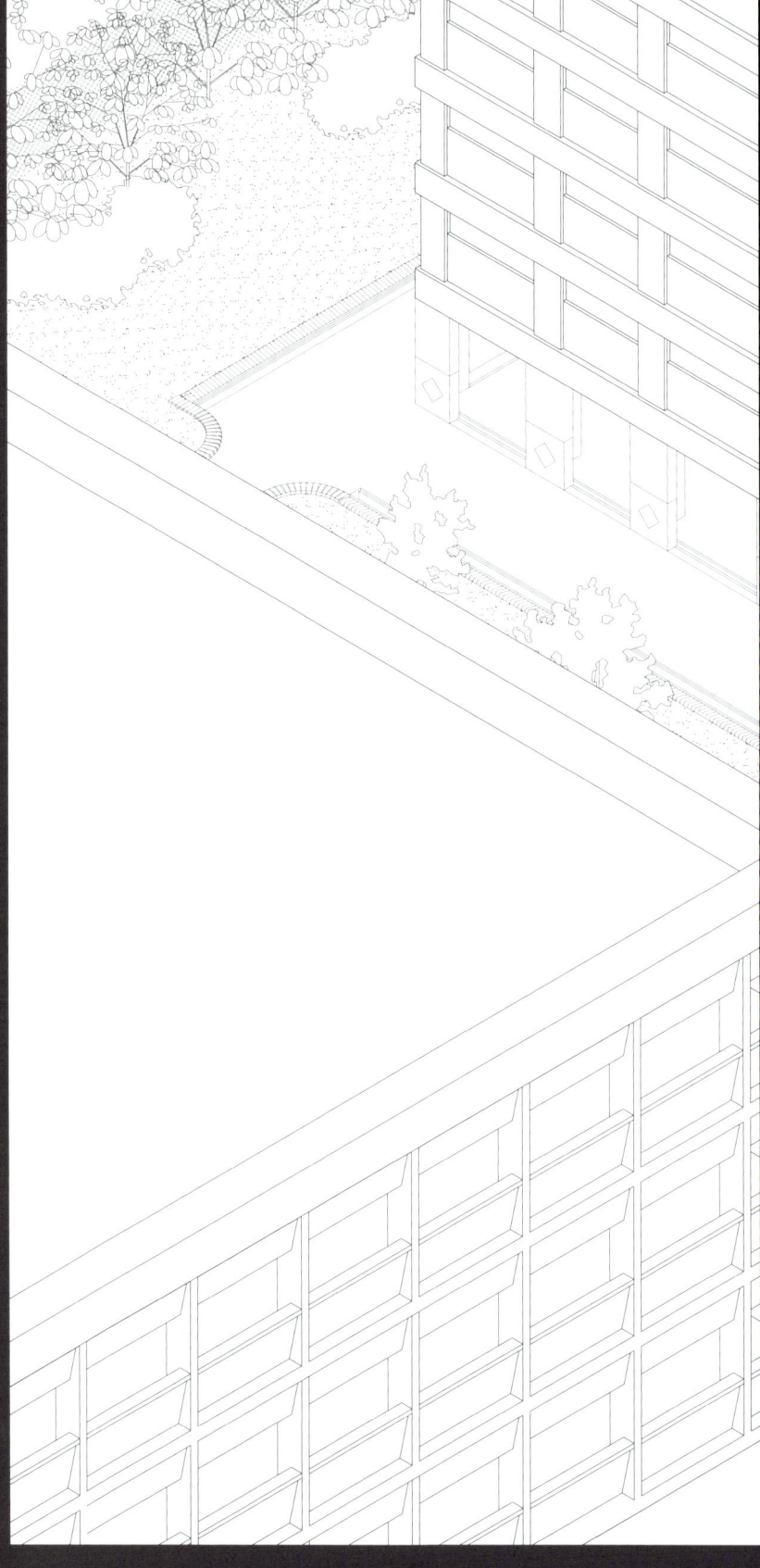

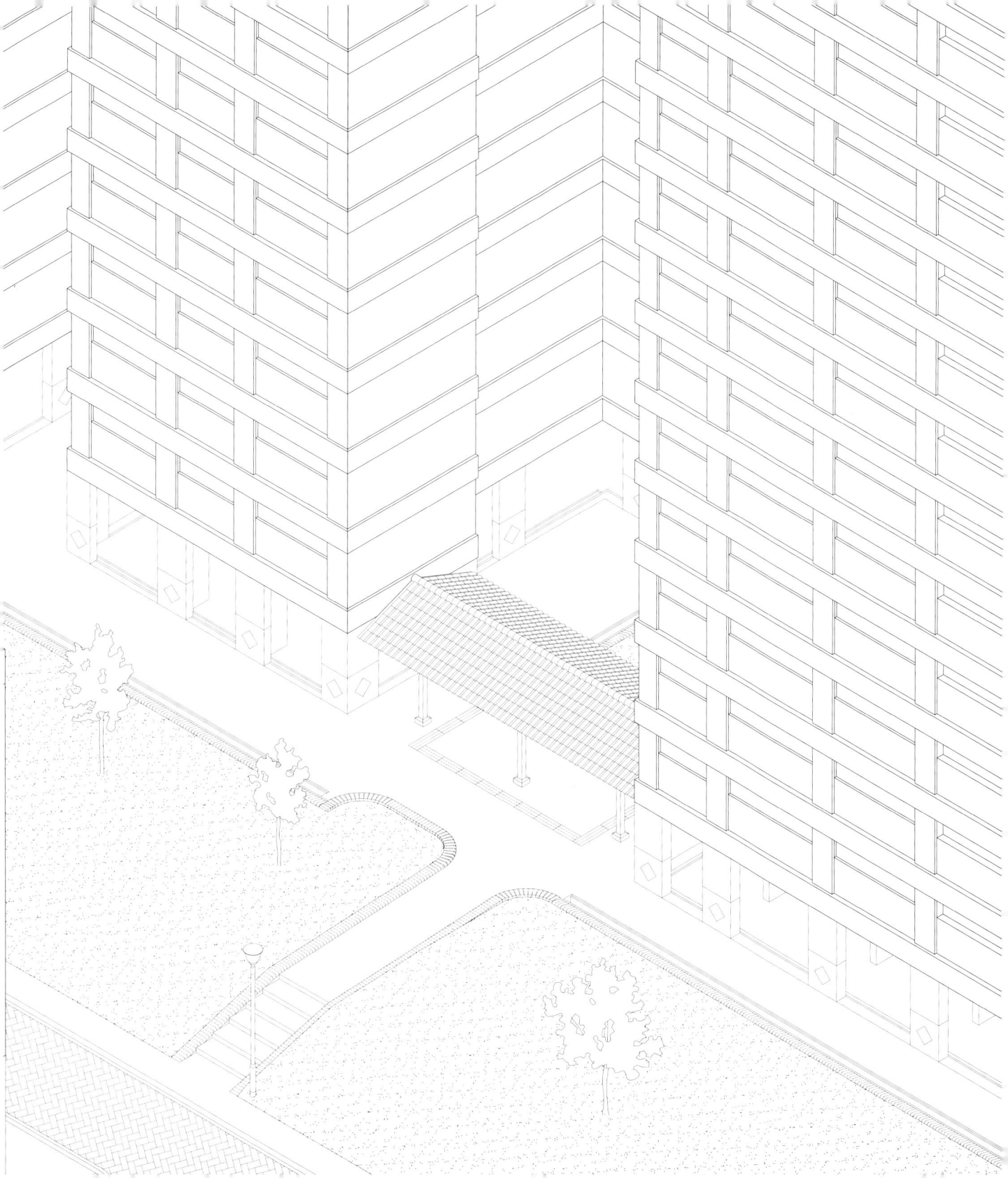

사이트 다이어그램 Site diagram✤

사이트 전체를 보여주기 위해 보이드 데크의 윗부분을 제거한 다이어그램이다. 건물을 지지하는 기둥과 부지 밖의 구조물만 그대로 남아 있다. 앞으로 사이트 관찰 및 연구 결과를 설명할 때 이 다이어그램을 사용할 것이다.

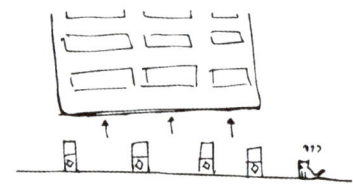

✤ 다이어그램(diagram): 정보를 시각적으로 표현한 도표나 그림을 뜻한다. 이 책에서는 건축 용어로서 사이트의 환경과 주변의 흐름을 표현한 도판을 의미한다.

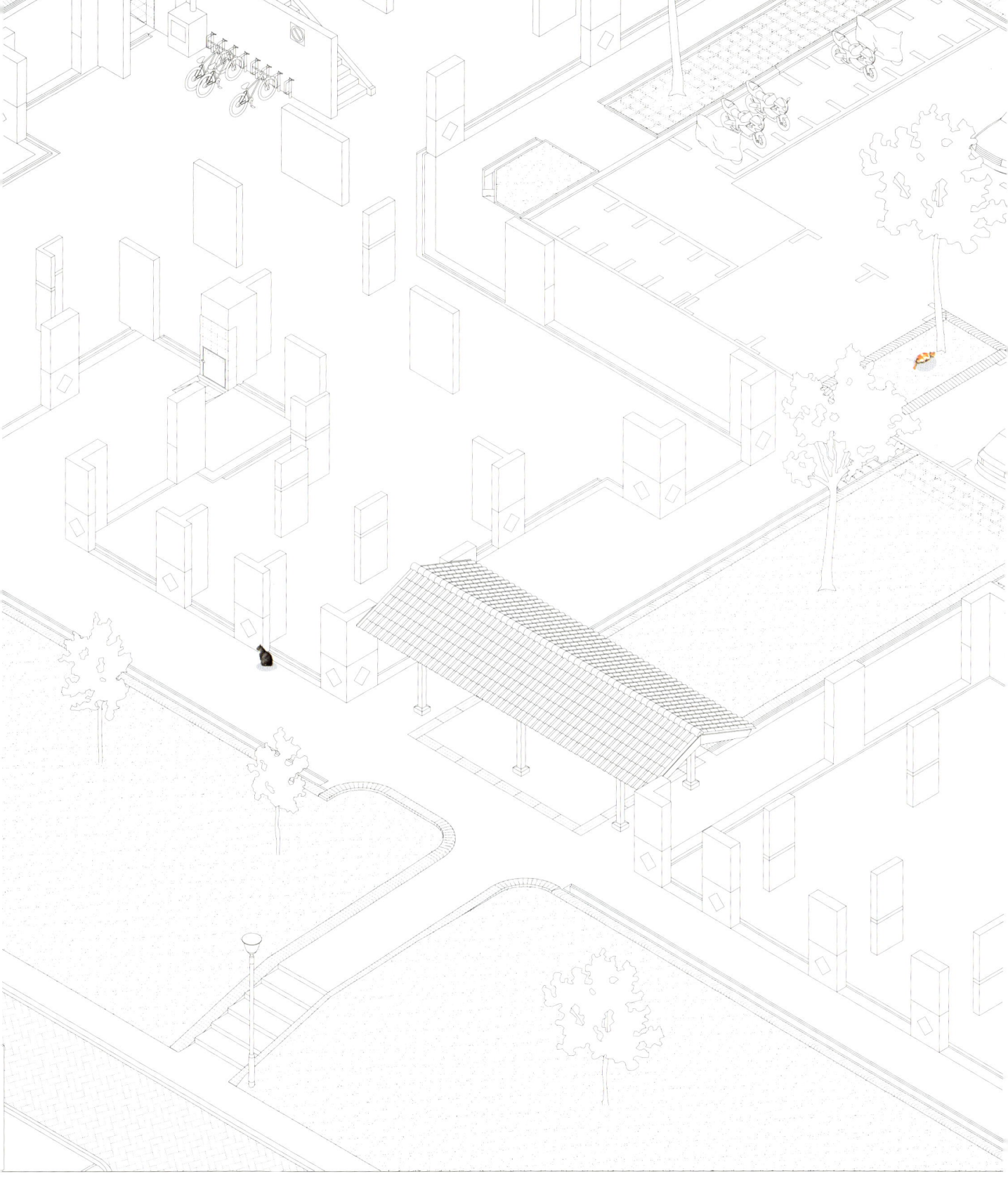

사이트 지도 Site map

사이트는 넓은 잔디 비탈을 두고 고지대와 저지대로 나뉜다. 고지대에는 주거동과 야외 주차장이, 저지대에는 24시간 편의점, 복층 주차장 등의 시설이 있다. 보이드 데크의 기둥은 분홍색과 주황색 띠로 칠해져 있는데 촌스럽기 짝이 없다. 이곳에 머무는 고양이들에게 심심한 위로의 뜻을 전한다. ⑩번 사진에는 환경미화원이 청소하는 모습이 담겨 있는데, (기묘할 정도로) 청결한 싱가포르를 상징하는 장면이다.

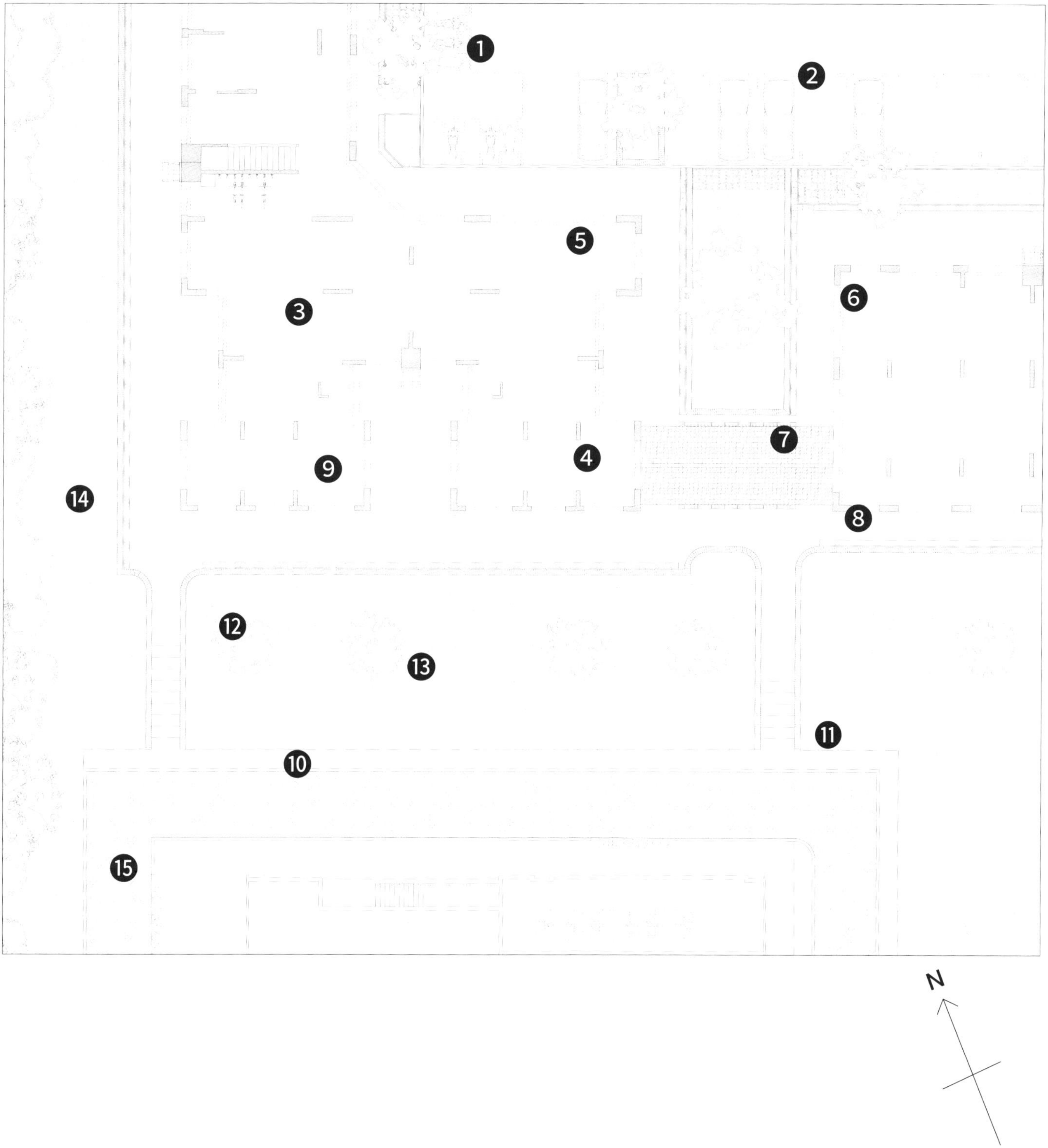
1
2
3
4
5
6
7
8
9
10
11
12
13
14
15
N

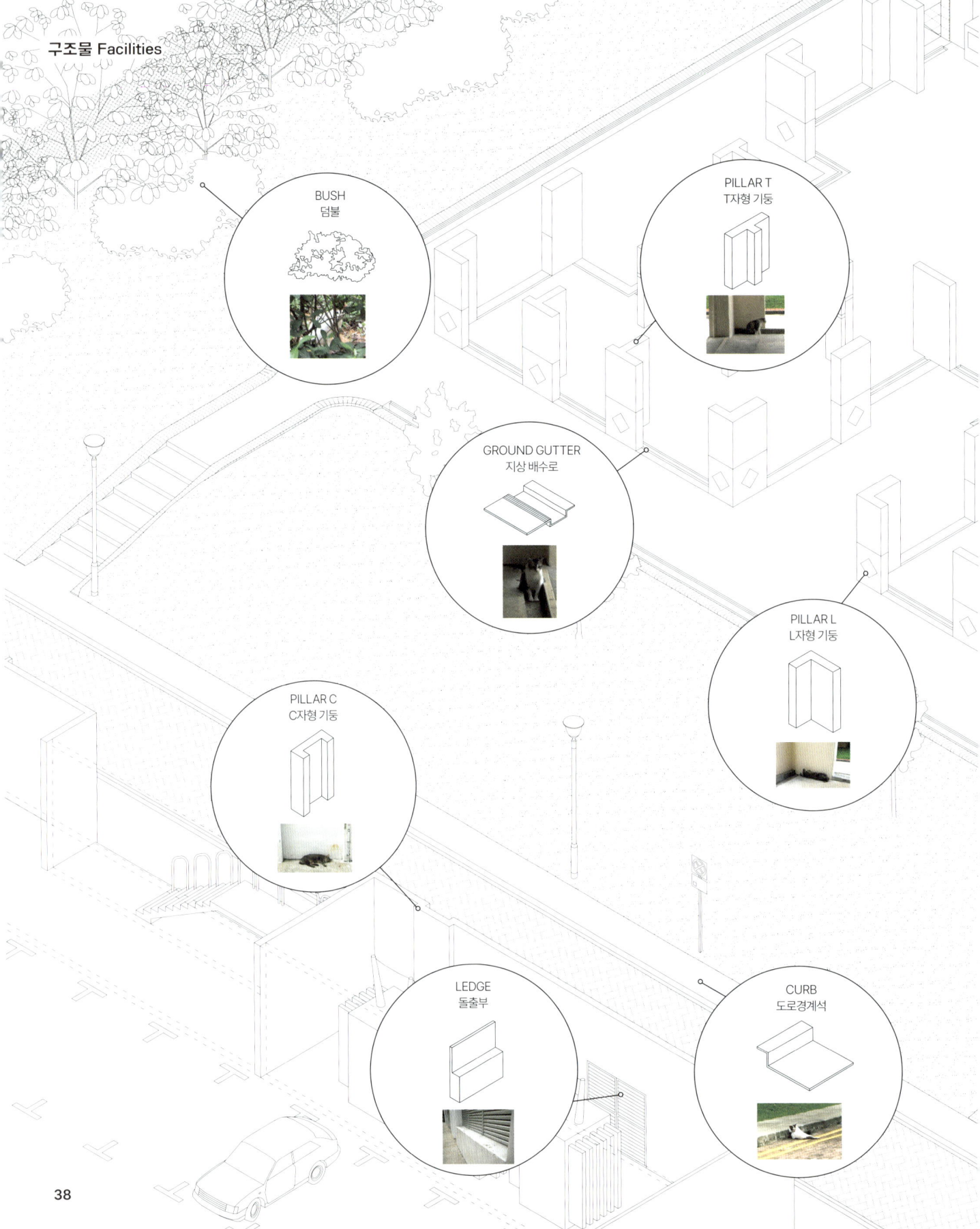

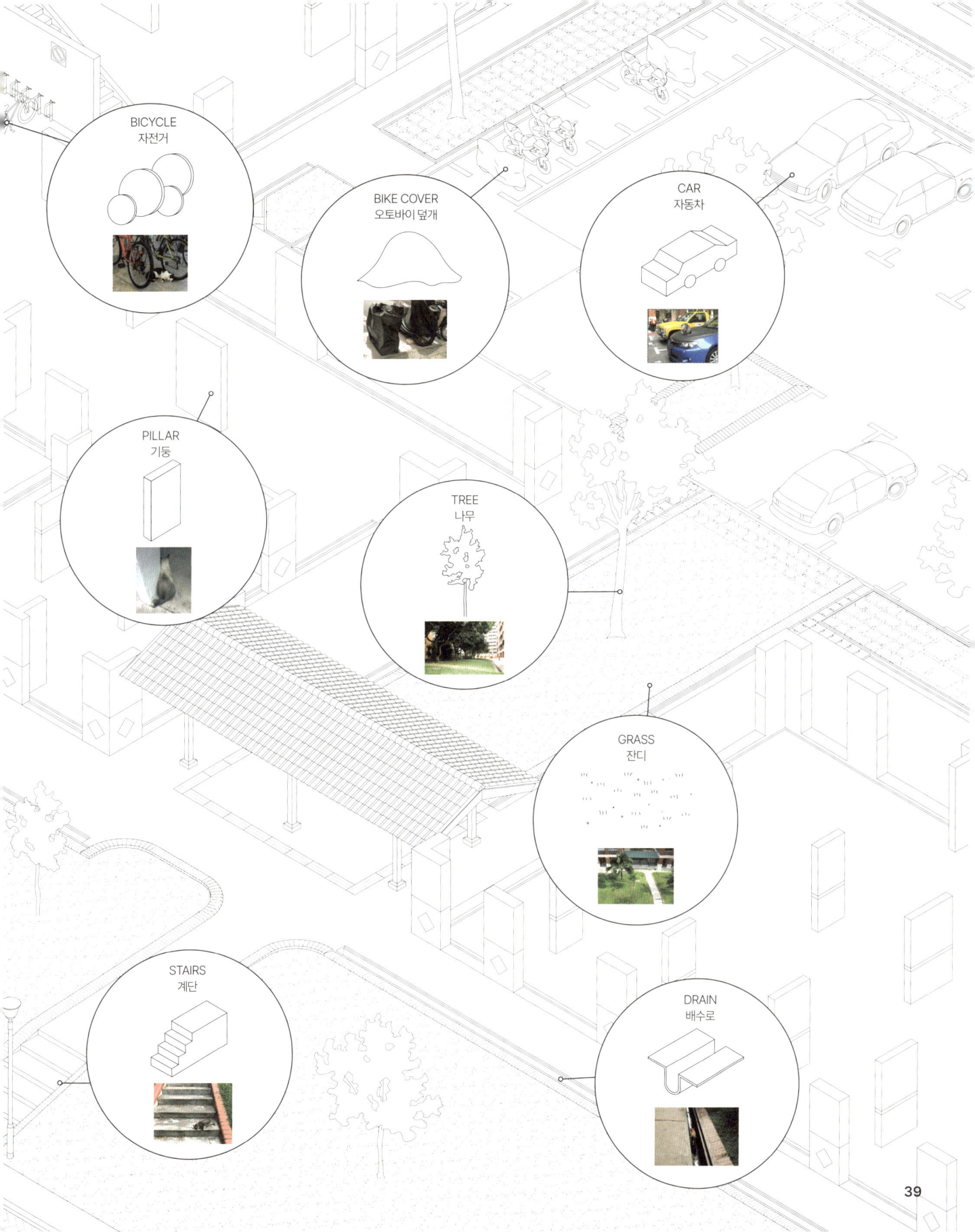

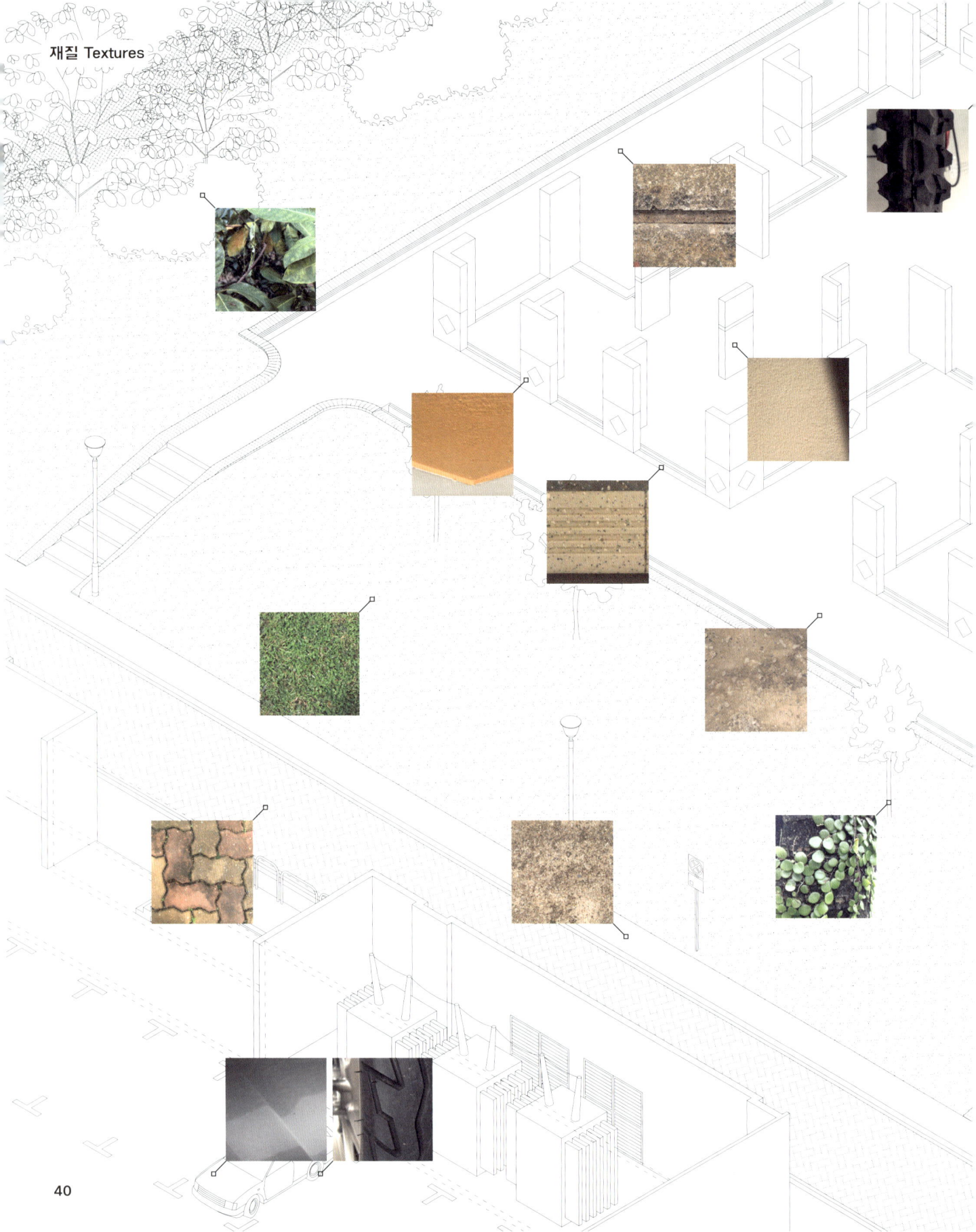

재질 Textures

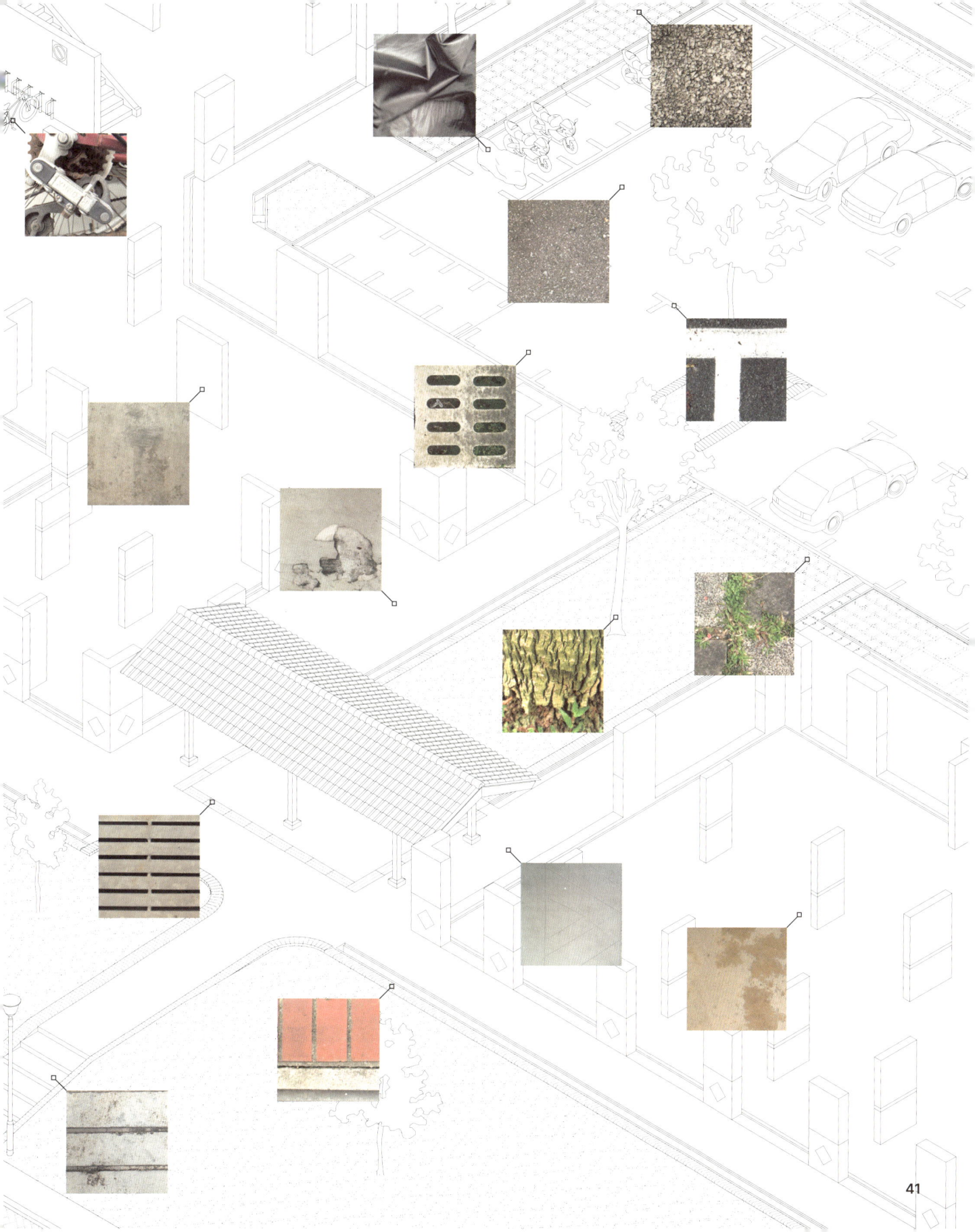

낮·밤 일조 Day·Night light   오전 8:00~12:00

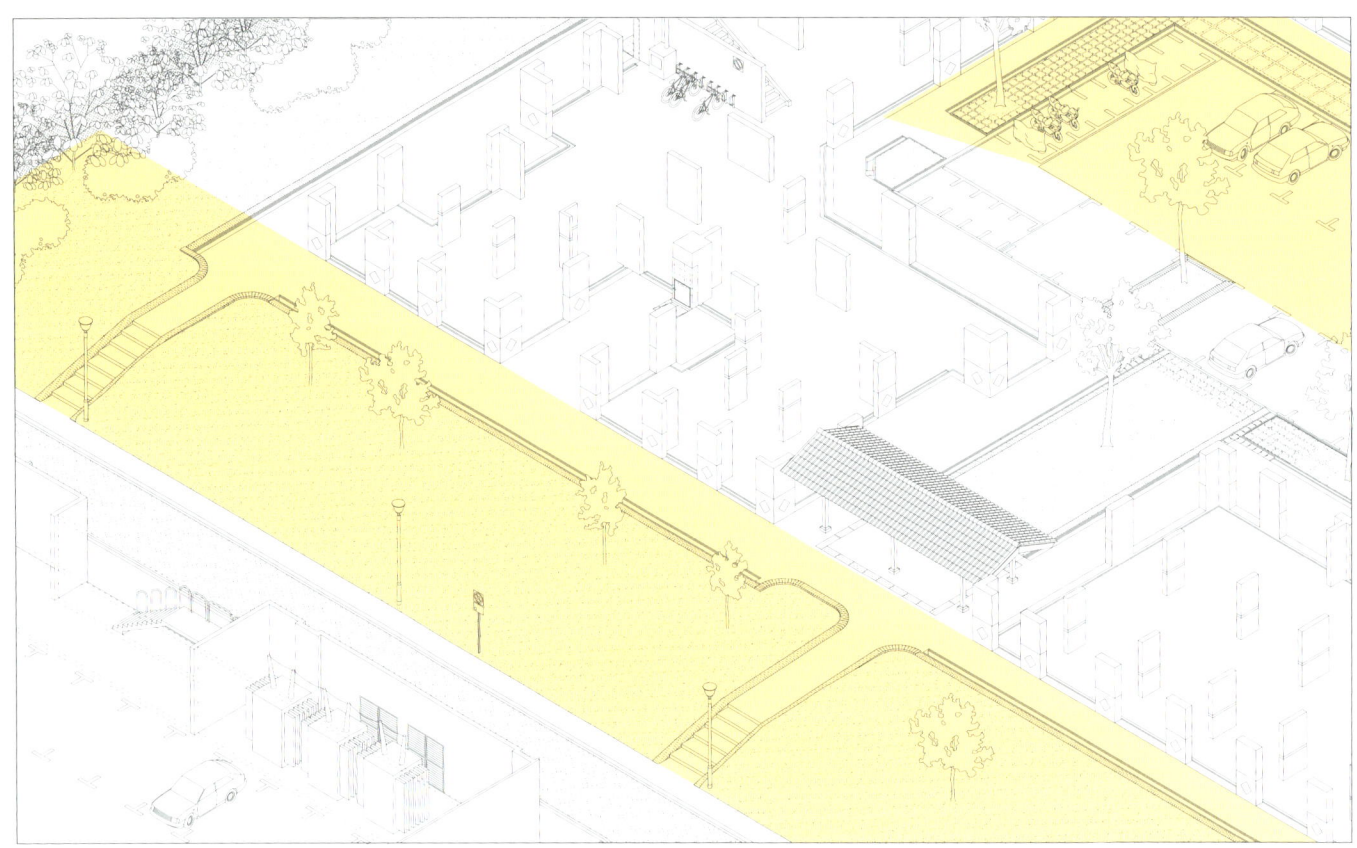

오후 12:00~16:00

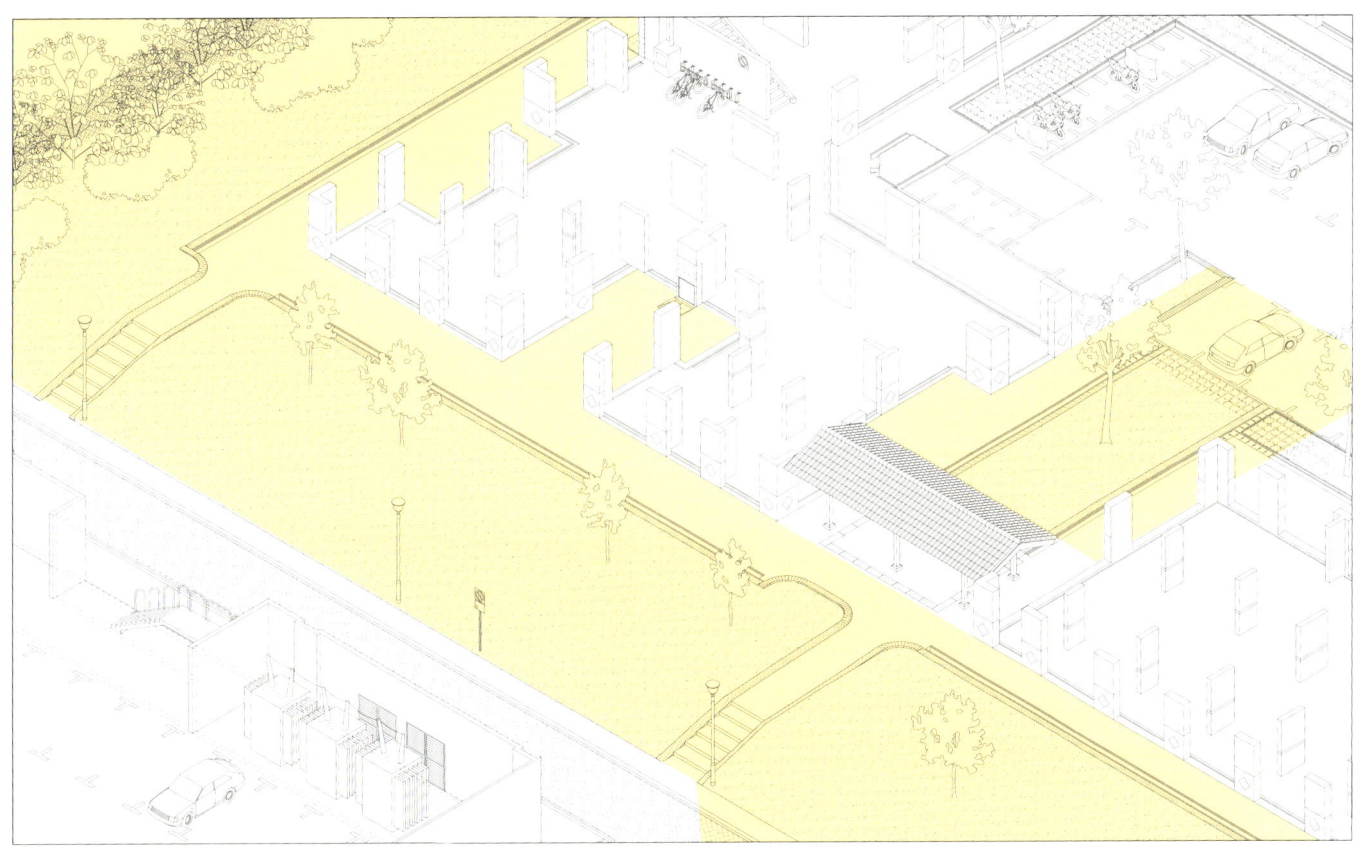

저녁 16:00~19:00

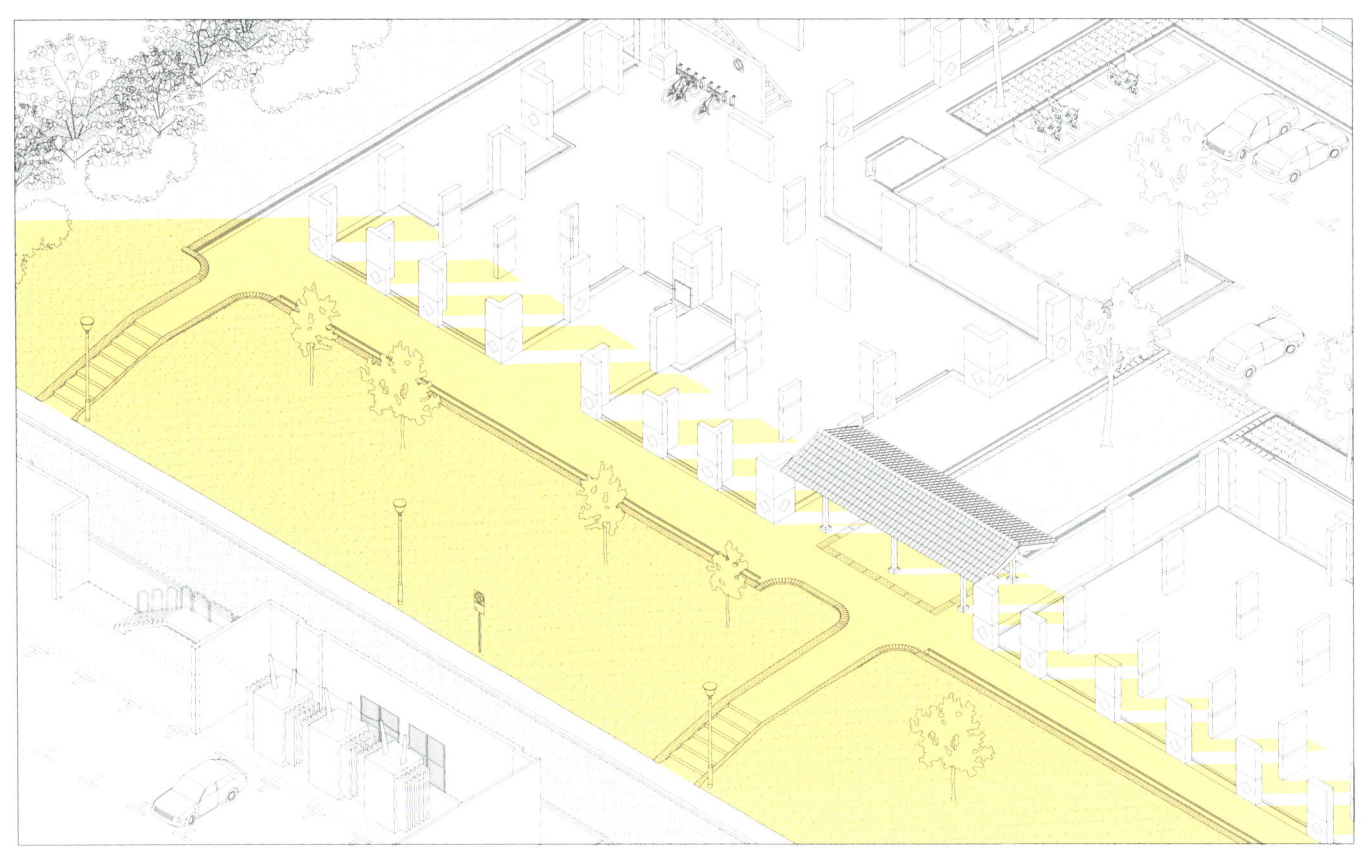

밤 19:00~06:30

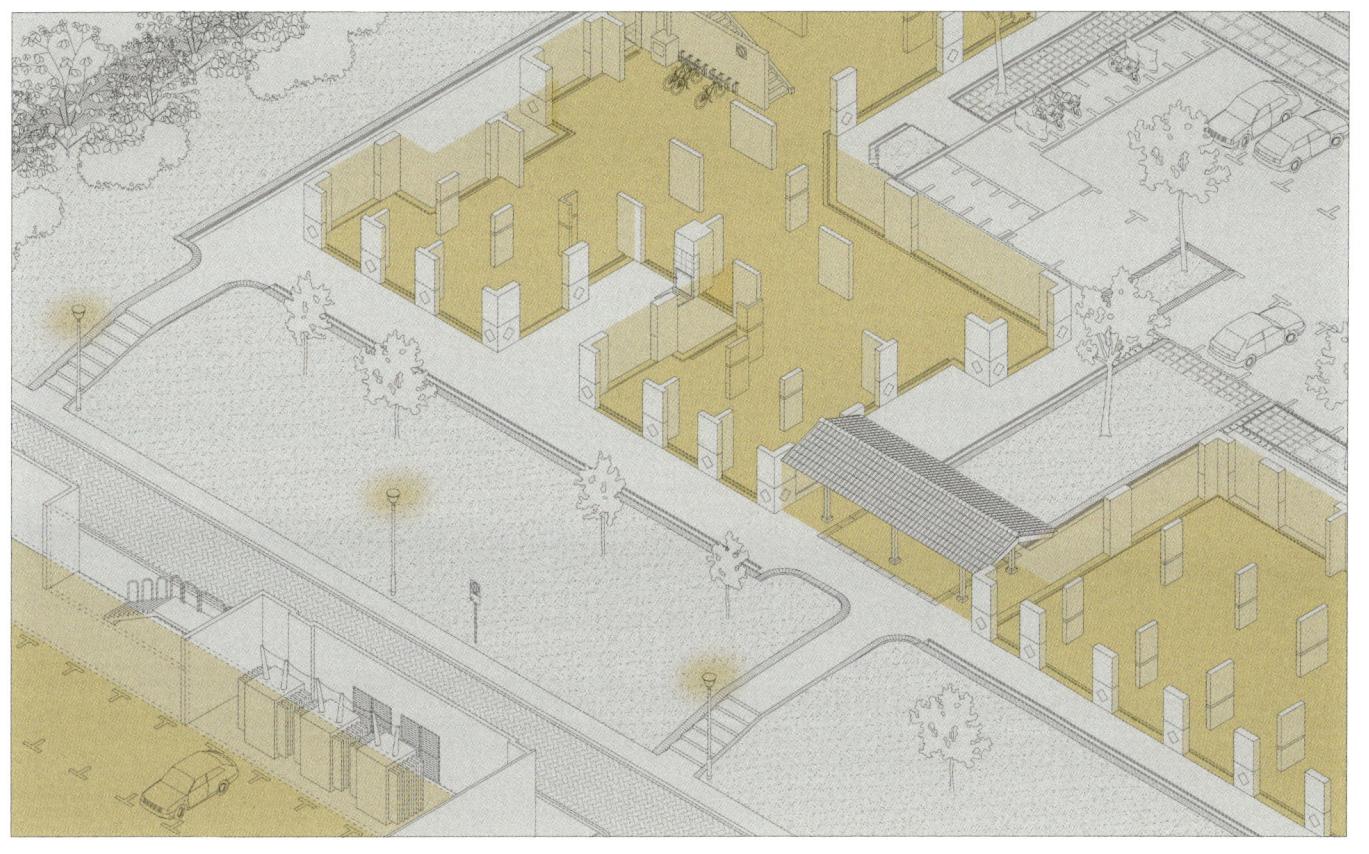

미기후 Micro-climate ✤　　　　낮 평균 기온 26 - 33 ℃　　　　따뜻함　▬▬▬▬　더움

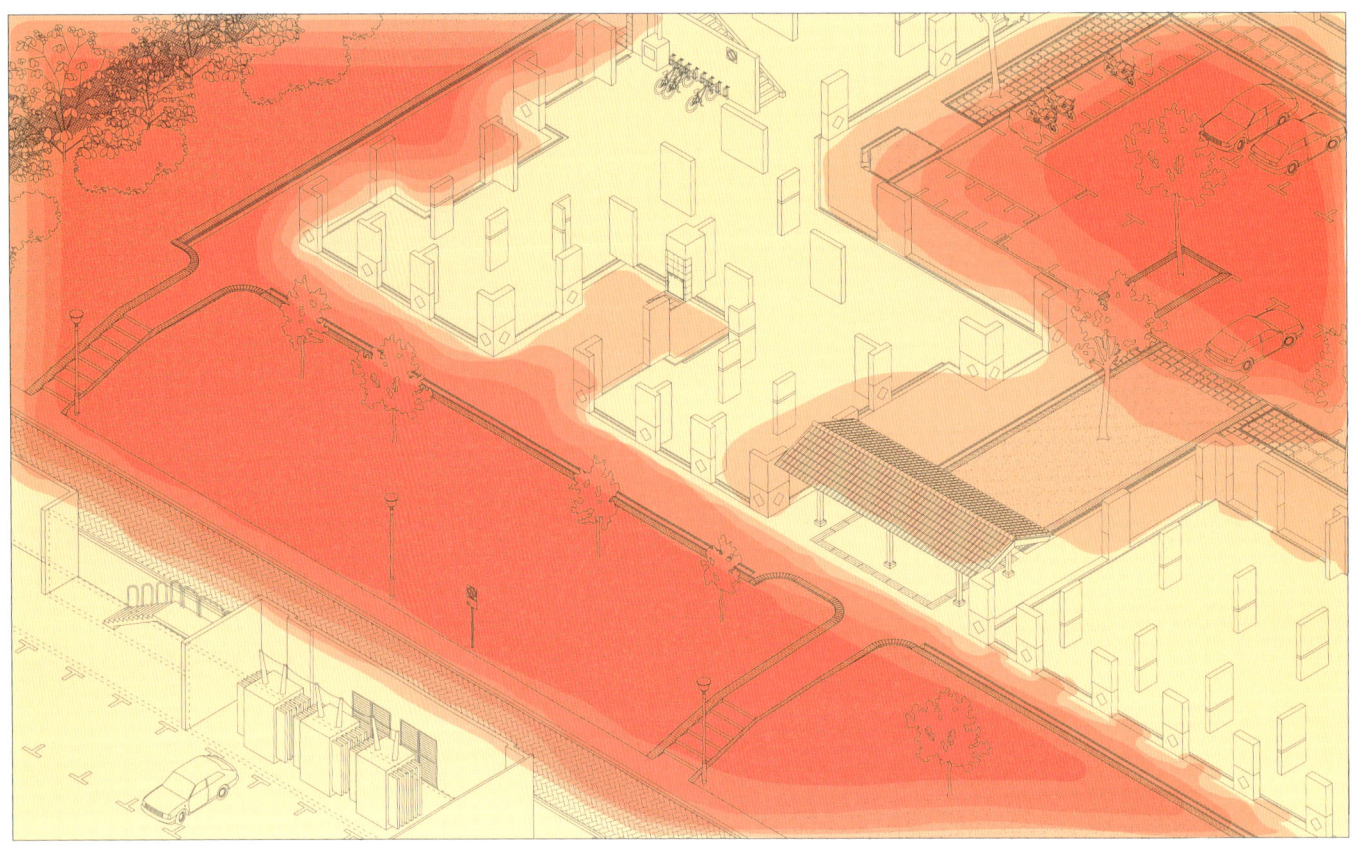

밤 평균 기온 24 - 31 °C   따뜻함　　　　　　더움

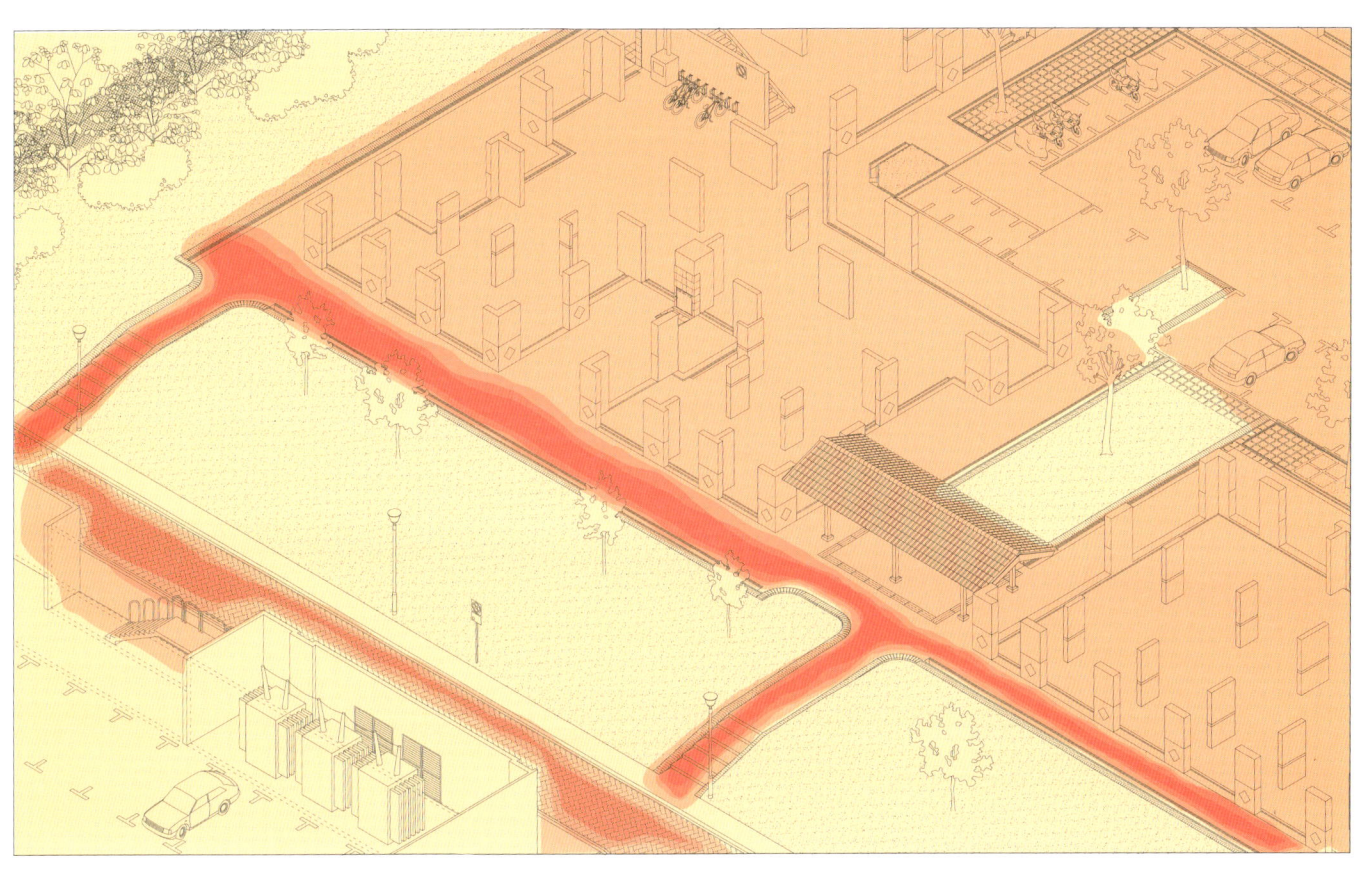

❖　　　미기후(micro-climate): 주변 환경과 미세하게 다른 국지적인 기후를 뜻한다. 예컨대 실내 주차장이나 나무 그늘 아래의 온도와 습도는 주변과 다르다. 미기후는 고양이의 생활 양식에 큰 영향을 미칠 수 있다.

바람 방향　　　　　　　　　　　바람

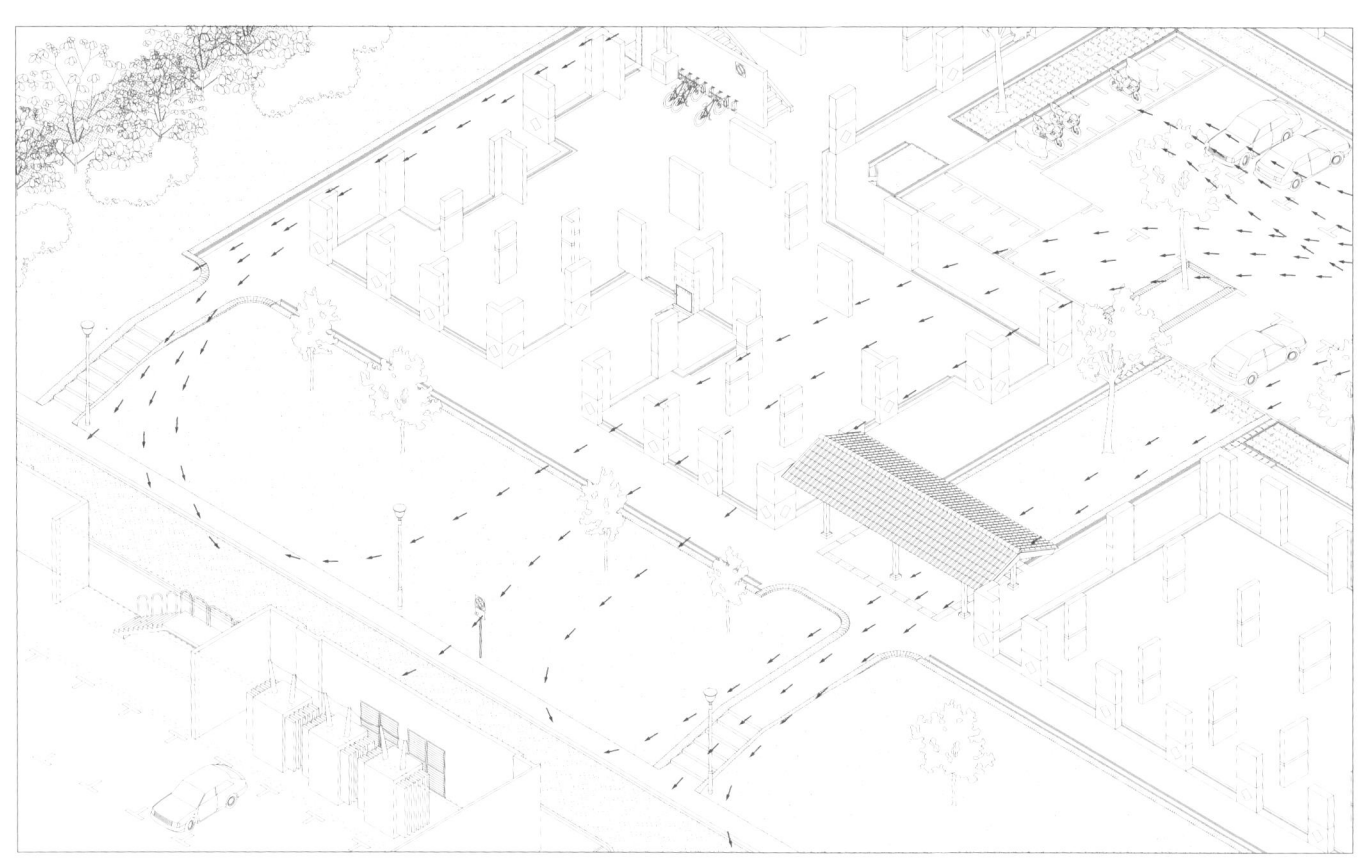

비 ○ 비

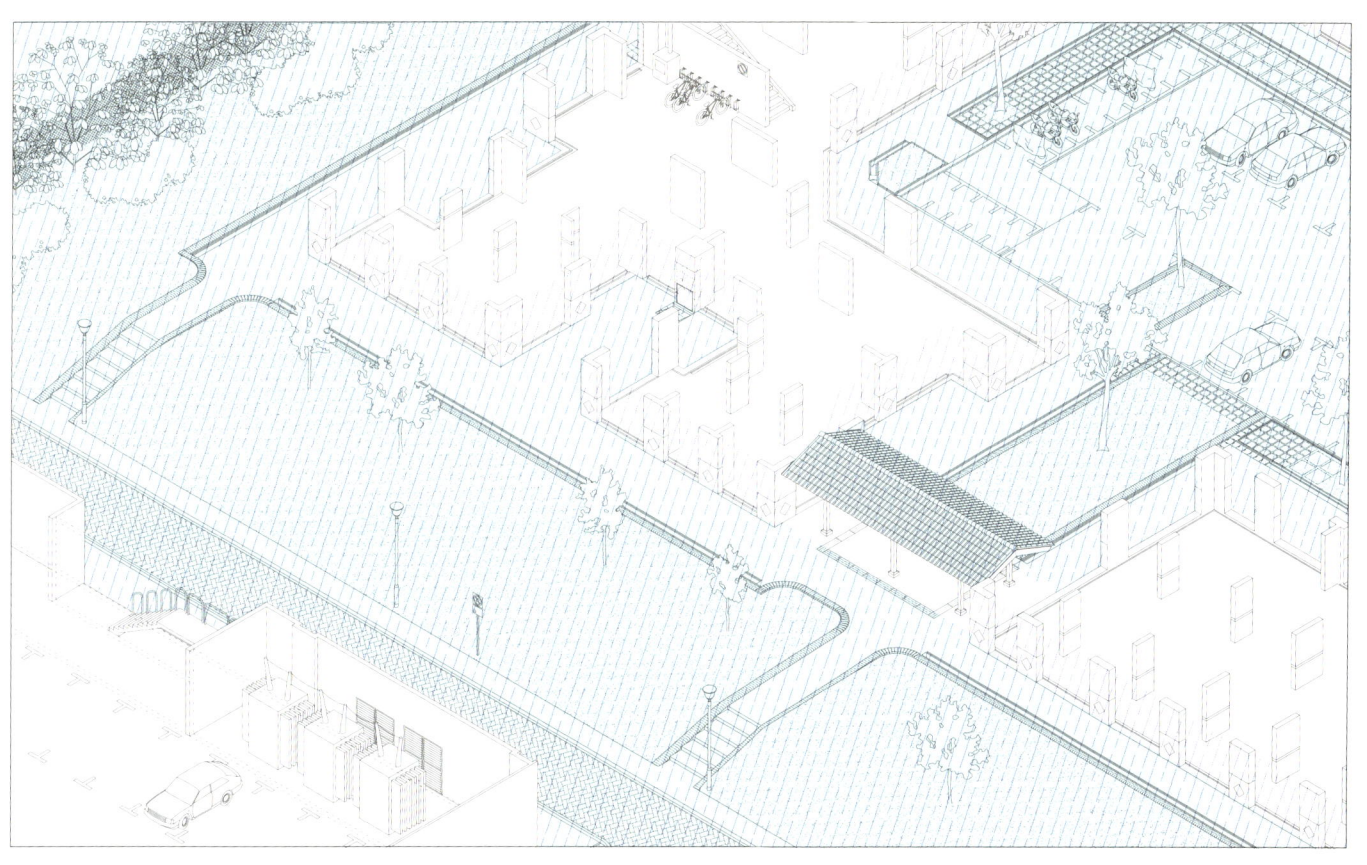

복잡한 영역 High activity areas

 인간

주민 대부분은 아침에 이 경로를 따라 버스 정류장으로 간다.

저녁에 귀가할 때는 이 경로를 더 선호한다.

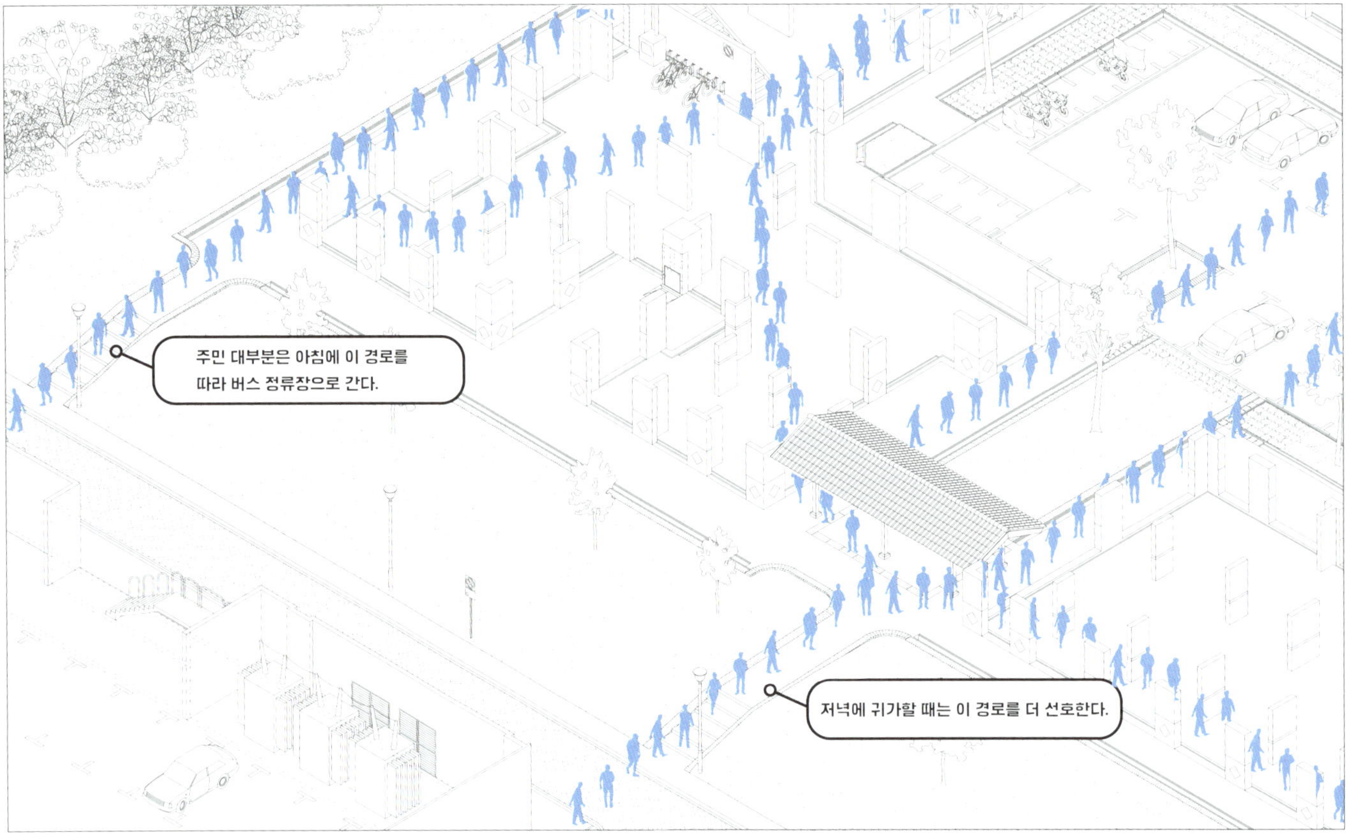

인간의 이동 패턴 고양이에게는 한 동네에 사는 인간의 이동 패턴을 파악하는 일이 중요하다. 그래야 인간이 자주 출몰하는 영역과 조용한 영역을 구분할 수 있다. 인간의 이동 정보를 바탕으로 고양이는 잠을 자고, 대소변을 보고, 방해받지 않고 사색할 곳을 결정한다.

조용한 영역 Low activity areas

○ 인간 없음
◌ 고양이 없음

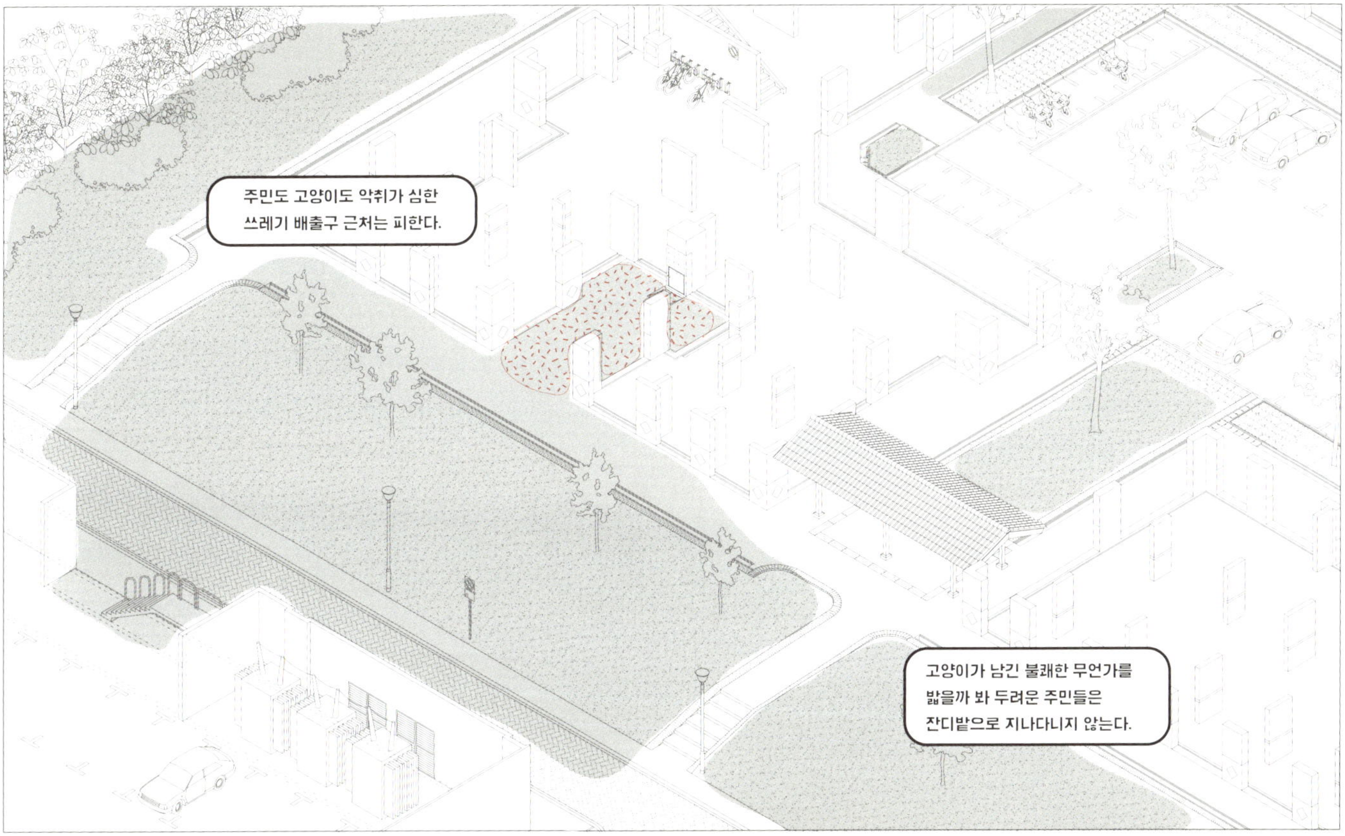

> 주민도 고양이도 악취가 심한 쓰레기 배출구 근처는 피한다.

> 고양이가 남긴 불쾌한 무언가를 밟을까 봐 두려운 주민들은 잔디밭으로 지나다니지 않는다.

기피 구역

쓰레기 배출구 rubbish chute❖ 근처나 언제 위층에서 쓰레기가 떨어질지 모르는 특정 산책로는 인간도 고양이도 기피한다. 고양이는 잔디밭을 화장실로만 이용하기 때문에 이 사실을 아는 주민들은 웬만해서는 잔디밭을 가로지르지 않는다.

❖ 쓰레기 배출구(rubbish chute): 싱가포르의 쓰레기 배출 시설. 각 세대의 부엌이나 공용 복도에 설치된 투입구에 쓰레기를 버리면, 수직 통로(chute)를 따라 떨어진 쓰레기가 지상층 저장소에 쌓인다. 한국에서는 1960~90년대 초반까지 이와 유사한 '더스트 슈트(dust chute)'를 사용했으나 현재는 거의 폐쇄되었다.

고양이/행동반경 Cats / Range

고양이
이 사이트에는 터줏대감 같은 네 고양이가 비교적 편안하게 살고 있다. 오랜 시간 그들을 관찰하면서 각 고양이의 영역과 사회적 관계를 엿볼 수 있었다. 조사를 원활히 진행하고자 고양이들에게 이름을 지어주었다.

행동반경
고양이가 매일 규칙적으로 순찰하는 구역이 곧 그들의 영역이다. 그저 돌아다니기만 하는 건 아니다. 발톱으로 긁고, 소변을 뿌리고 spraying, 배설물을 남기고, 몸을 비벼 대면서 자신의 영역을 확실하게 표시한다. 이렇게 흔적을 남겨서 다른 고양이에게 자신의 성별, 나이, 건강 상태는 물론이고 마지막으로 방문한 시간까지 알린다. 우리가 매일 아침 신문 기사를 읽듯 고양이들은 서로의 흔적을 '읽는다'.

시스터
시스터는 이 구역에서 가장 몸집이 크고 성격이 까다롭기로 유명한 고양이다. 다가가면 도망치기는커녕 하악질을 하며 으르렁댄다. 조심하시길.

화마오
꼬질꼬질한 고양이 화마오는 오토바이 덮개 아래에서 낮잠 자는 것을 좋아한다.

프렌드
고마의 친구 프렌드는 인간을 좋아하지 않고 인간을 친구로 두지도 않는다.

고마
인간을 두려워하지 않는 유일한 고양이. 고마는 하루 종일 늘어지게 잠만 자며, 네 고양이 중 성격이 가장 무던하다.

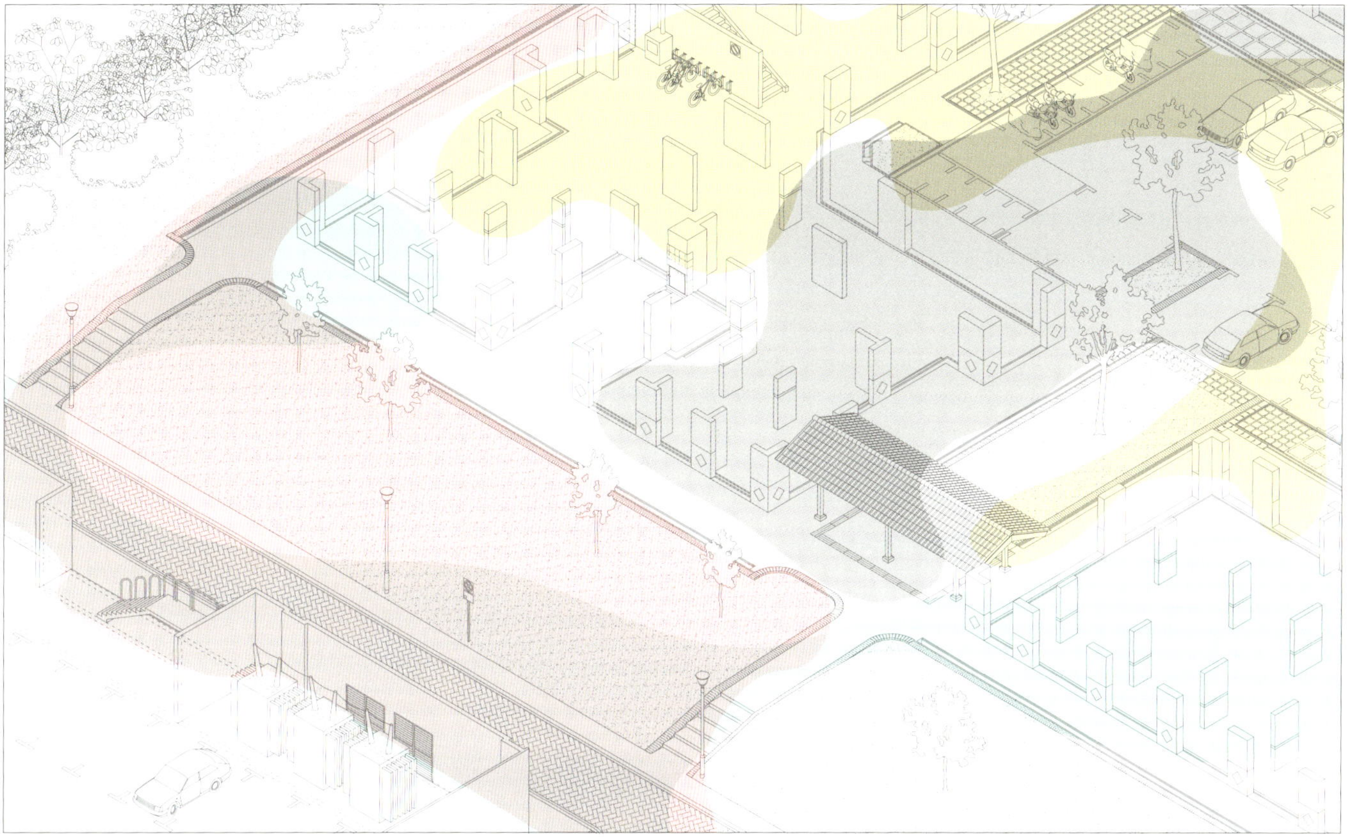

다이어그램에 네 고양이의 영역을 표시한 결과, 고마가 가장 넓은 영역을 차지하고 있었다.
그의 친근하고 경계심 없는 성격 덕분이다.

시스터

화마오

프렌드

고마

고양이 동네에는 무엇이 있을까

고양이는 영역 동물이다. 자신의 영역에서 인간이
만든 다양한 구조물을 접하며 살아간다. 대부분
인간의 필요에 의해 만들어졌을 뿐 고양이의 신체적
특성을 고려하지 않았다.
흥미롭게도 이 무심한 환경 속에서 '행동 지원성'❖을
제공하는 요소들을 발견했다. 고양이가 여러
구조물에 유연하게 적응하고 자기만의 방식으로
활용하는 모습을 볼 때마다 감탄했고, 그들의 놀라운
생존력 앞에서 겸허해졌다.

❖ 행동 지원성(affordance): 개체가 특정 방식으로 행동하도록
지원하는 환경적 특성을 이르는 말. 여기서는 인간의 의도와 달리 도시 환경의
여러 요소가 고양이에게 다양한 행동 가능성(휴식, 이동, 관찰, 은신 등)을
지원하는 것을 의미한다.

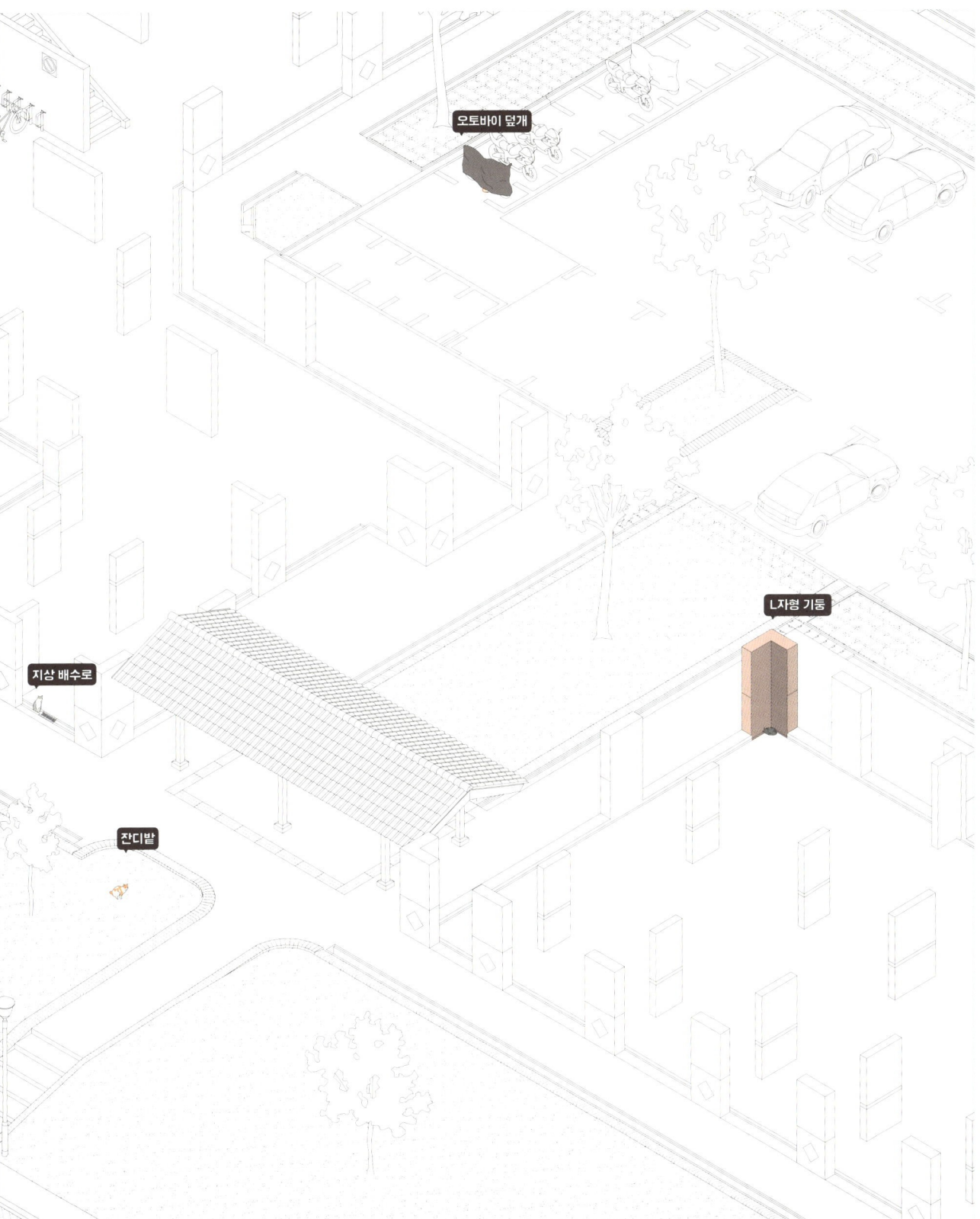

지상 배수로 Ground gutter

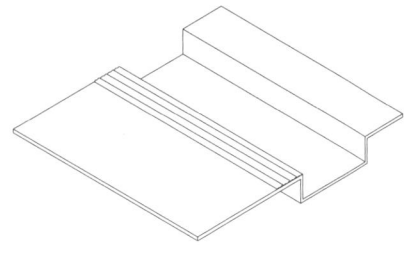

관찰
보이드 데크의 외곽을 따라 얕게 깔린 배수로는 고양이에게 아늑한 휴식 공간을 제공한다. 인간이 자주 지나다니지 않아서 고양이가 방해받지 않고 쉴 수 있다. 시스터는 배수로의 낮은 벽에 제 몸을 끼운 채로 끔뻑끔뻑 존다. 문득 궁금해진다. 몸이 꽉 끼는 공간에서 안정감을 느끼는 건 고양이와 인간이 공유하는 본능일까?

빈자리 없음

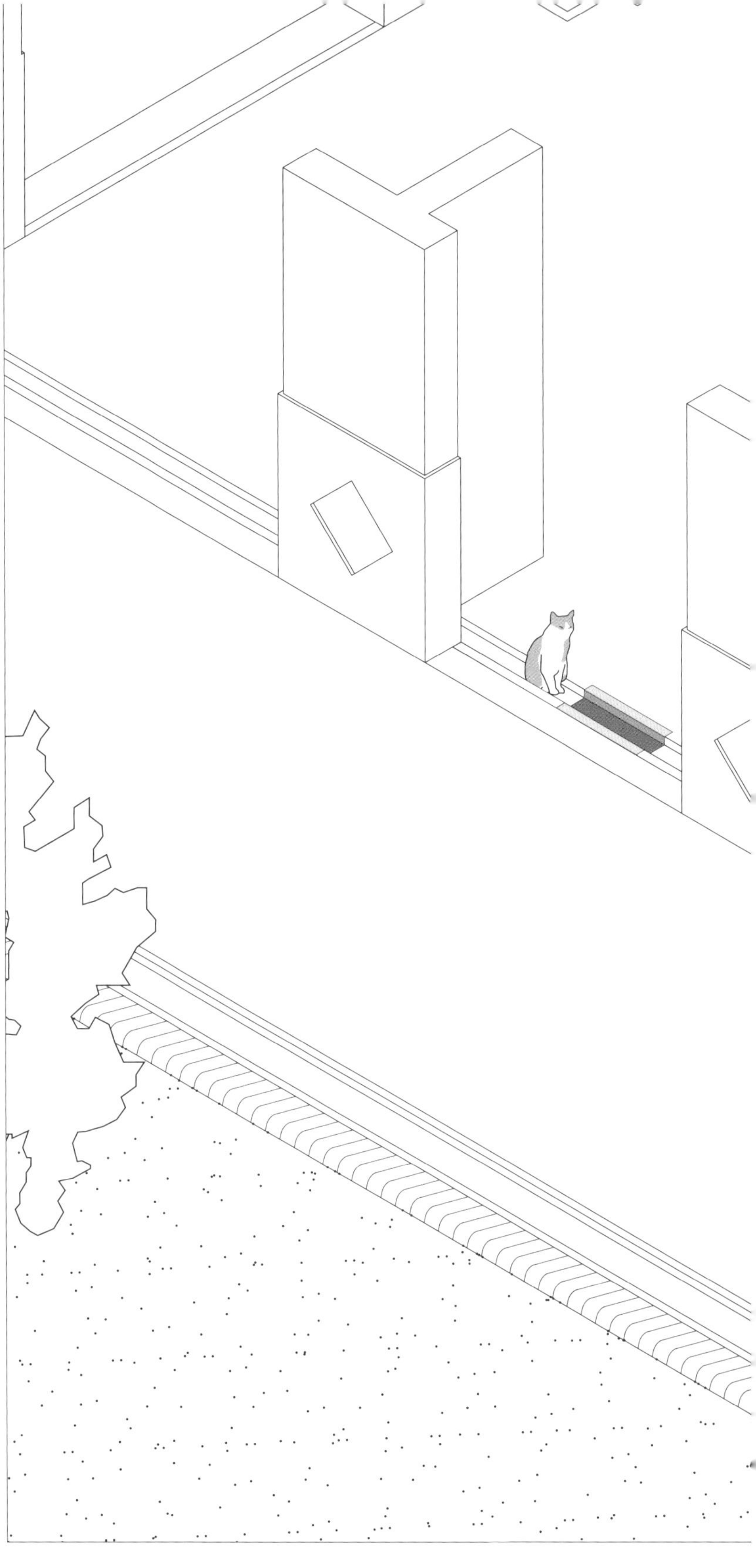

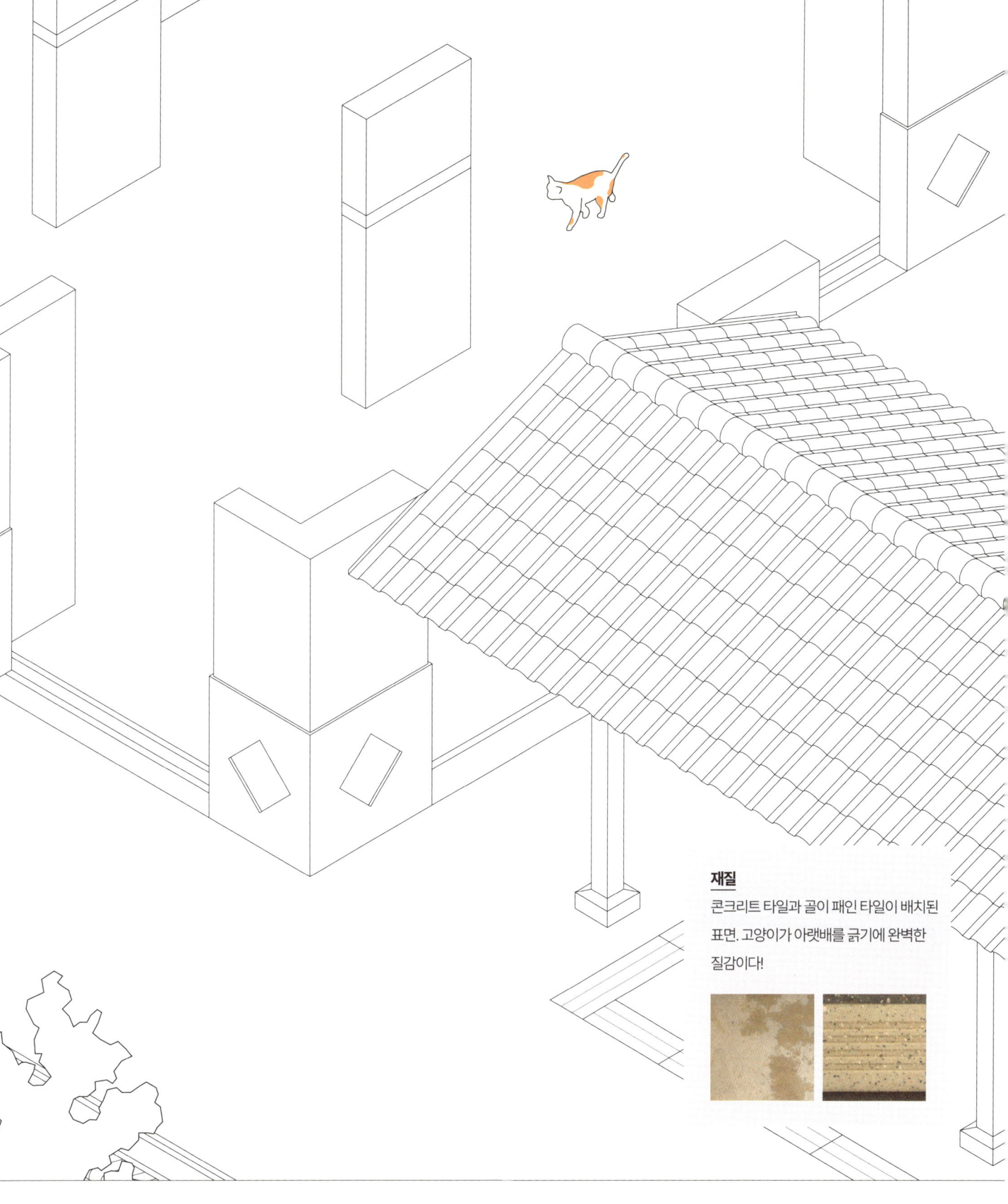

재질
콘크리트 타일과 골이 패인 타일이 배치된 표면. 고양이가 아랫배를 긁기에 완벽한 질감이다!

도로경계석 Curb

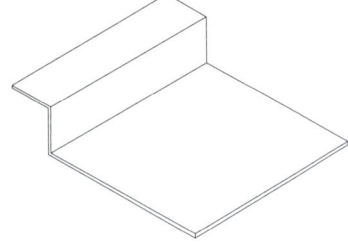

관찰

도로경계석은 고양이의 등받이로 쓰인다. 특히 언덕 아래에 있는 도로경계석은 정오 이후로 프렌드가 독차지한다. 고양이가 경계석에 기대어 그루밍을 하거나 낮잠 자는 모습을 보고 있으면 괜스레 나른해진다.

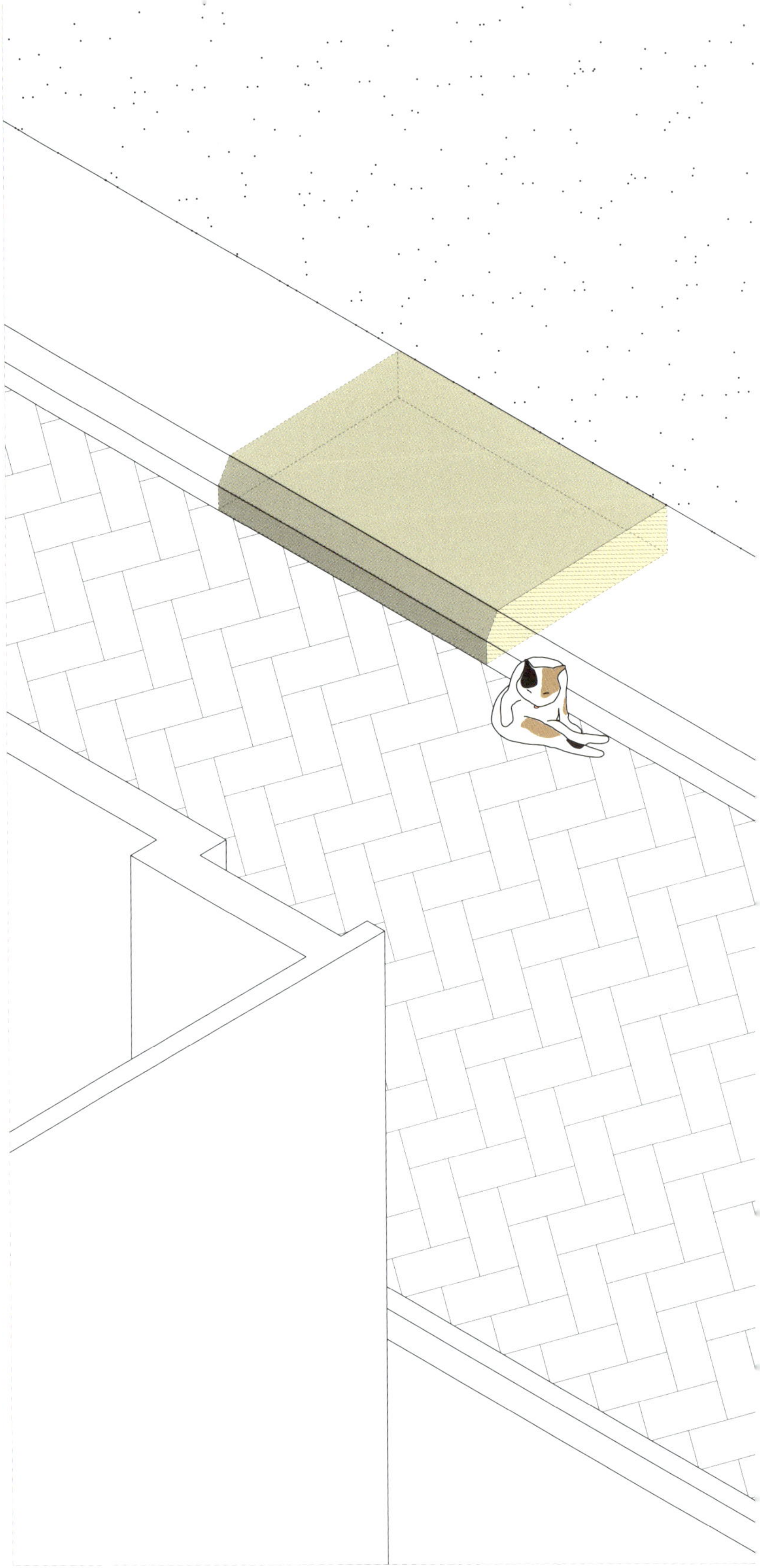

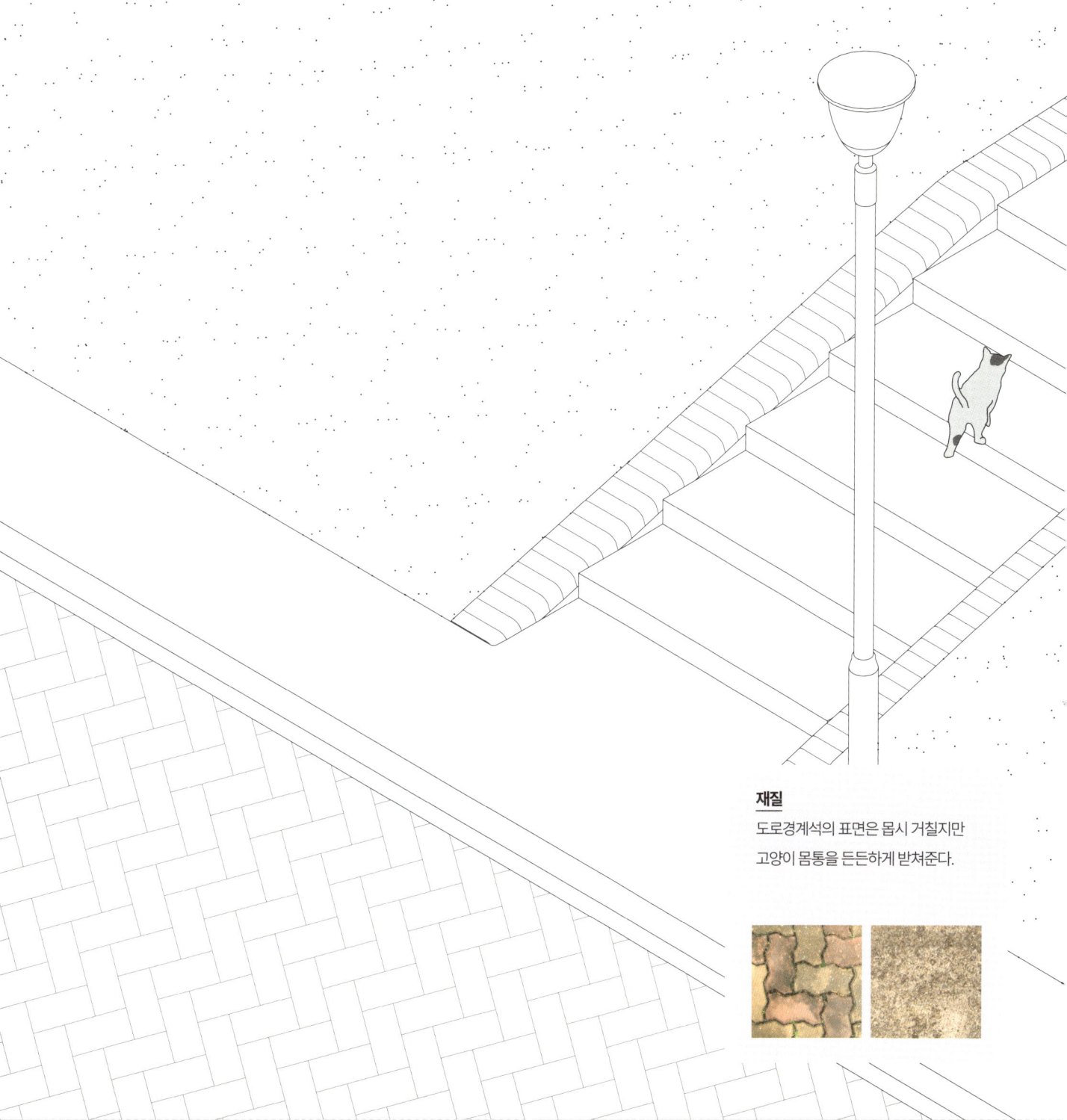

재질
도로경계석의 표면은 몹시 거칠지만
고양이 몸통을 든든하게 받쳐준다.

L자형 기둥 Pillar L

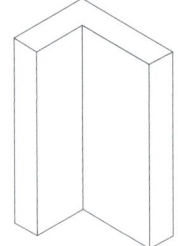

관찰
L자형 기둥은 '내부'와 '외부' 공간을 동시에 드러내는 단순한 구조다. 맞닿은 두 벽이 반쯤 둘러싸인 느낌을 주며, '내부' 모서리 공간은 따가운 직사광선을 피하기에 좋다. 이곳에서 고마는 태평하게 낮잠을 즐긴다.

상세
L자형 기둥은 보통 주거동 건물 모퉁이에 위치한다.

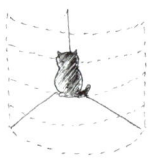

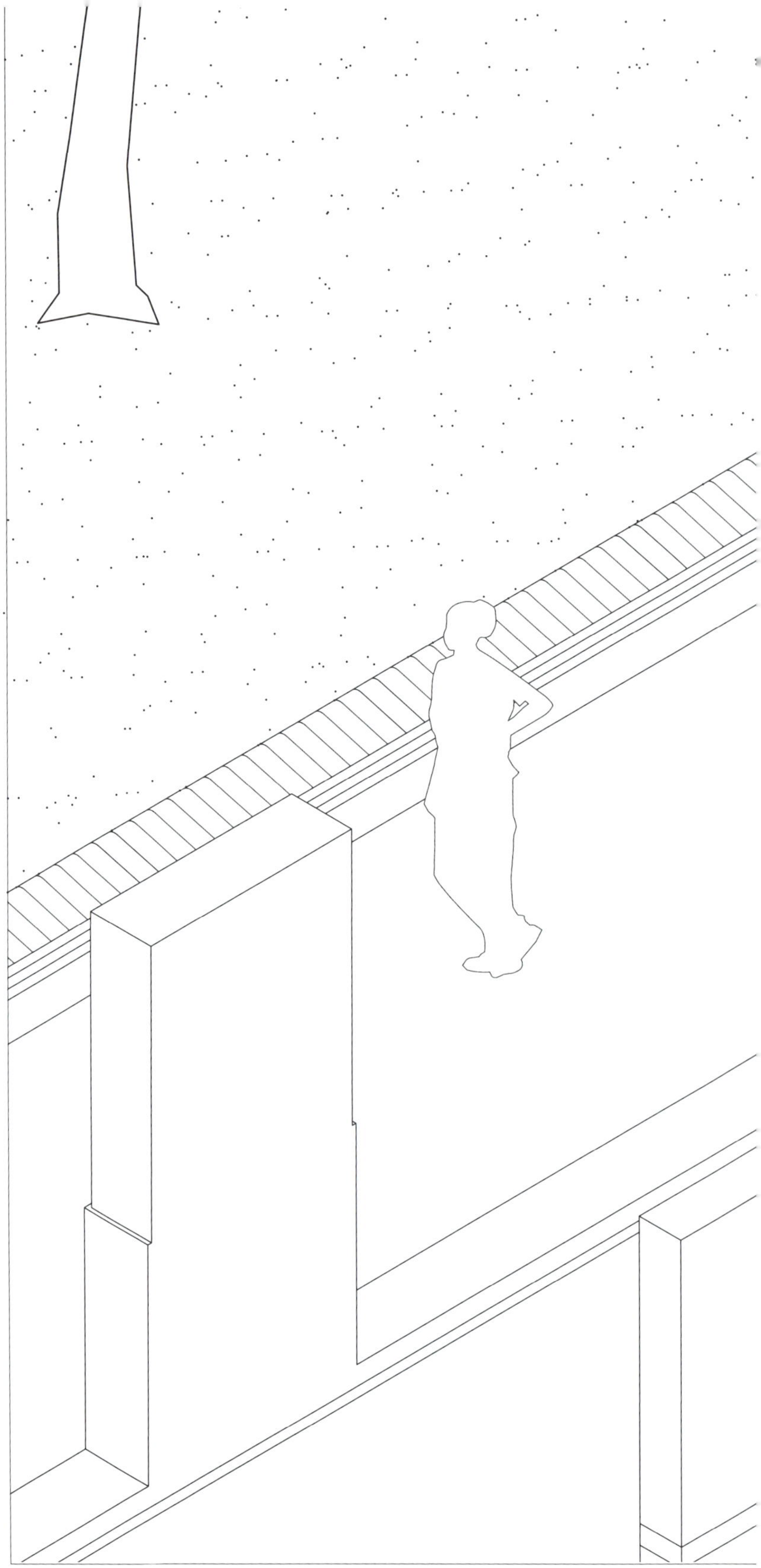

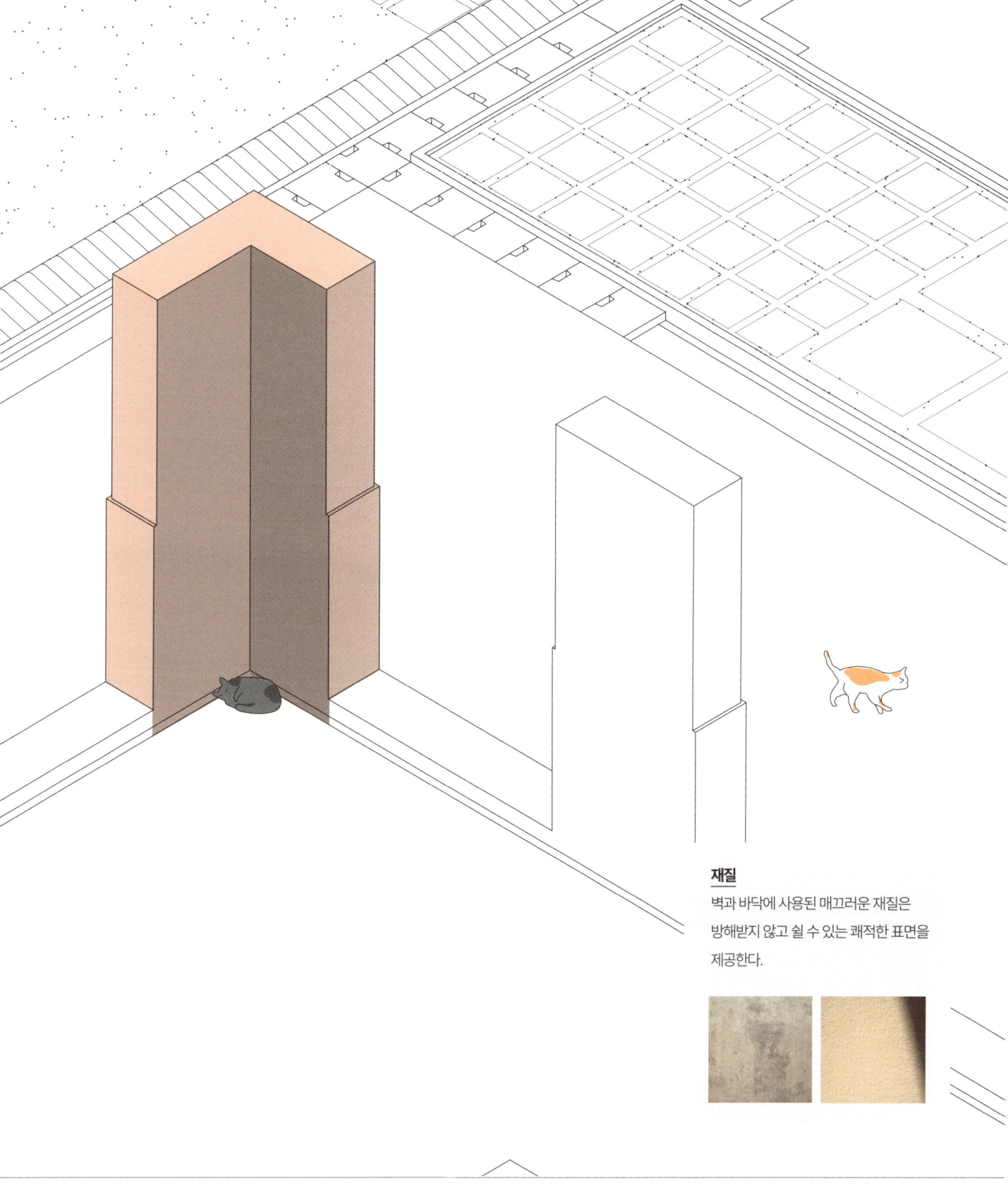

재질
벽과 바닥에 사용된 매끄러운 재질은
방해받지 않고 쉴 수 있는 쾌적한 표면을
제공한다.

C자형 기둥 Pillar C

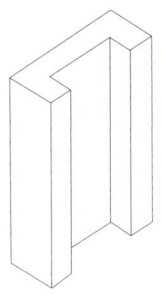

관찰

C자형 기둥은 벽과 돌출부로 이루어져 있다. 인간의 눈에는 휴식 공간으로 적합해 보이지 않지만, 몸집이 작은 고양이는 돌출부 안쪽이 자신의 몸집에 딱 맞는 절묘한 공간임을 본능적으로 알아차린다. C자형 기둥은 고양이에게 안전감을 준다.

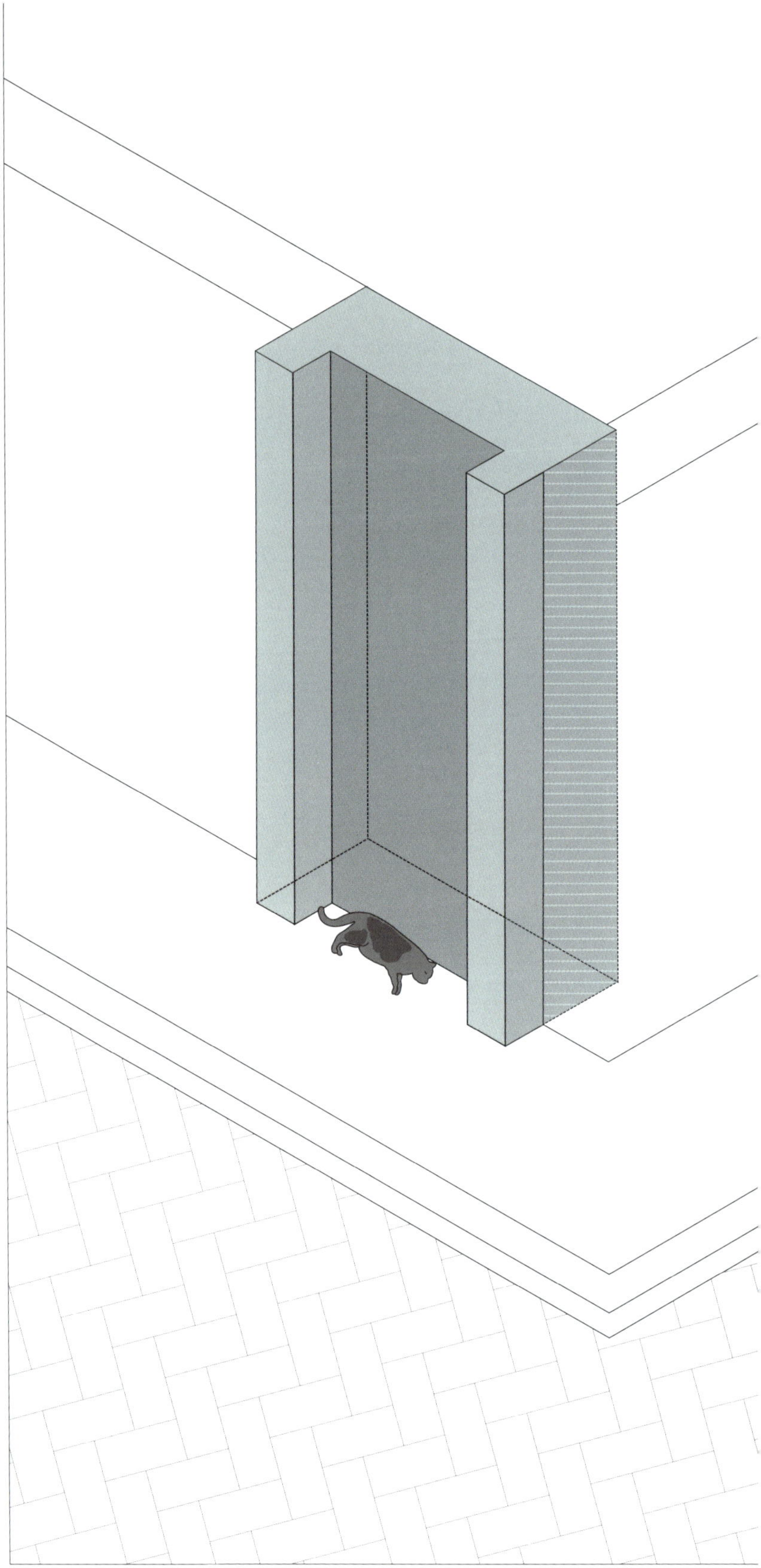

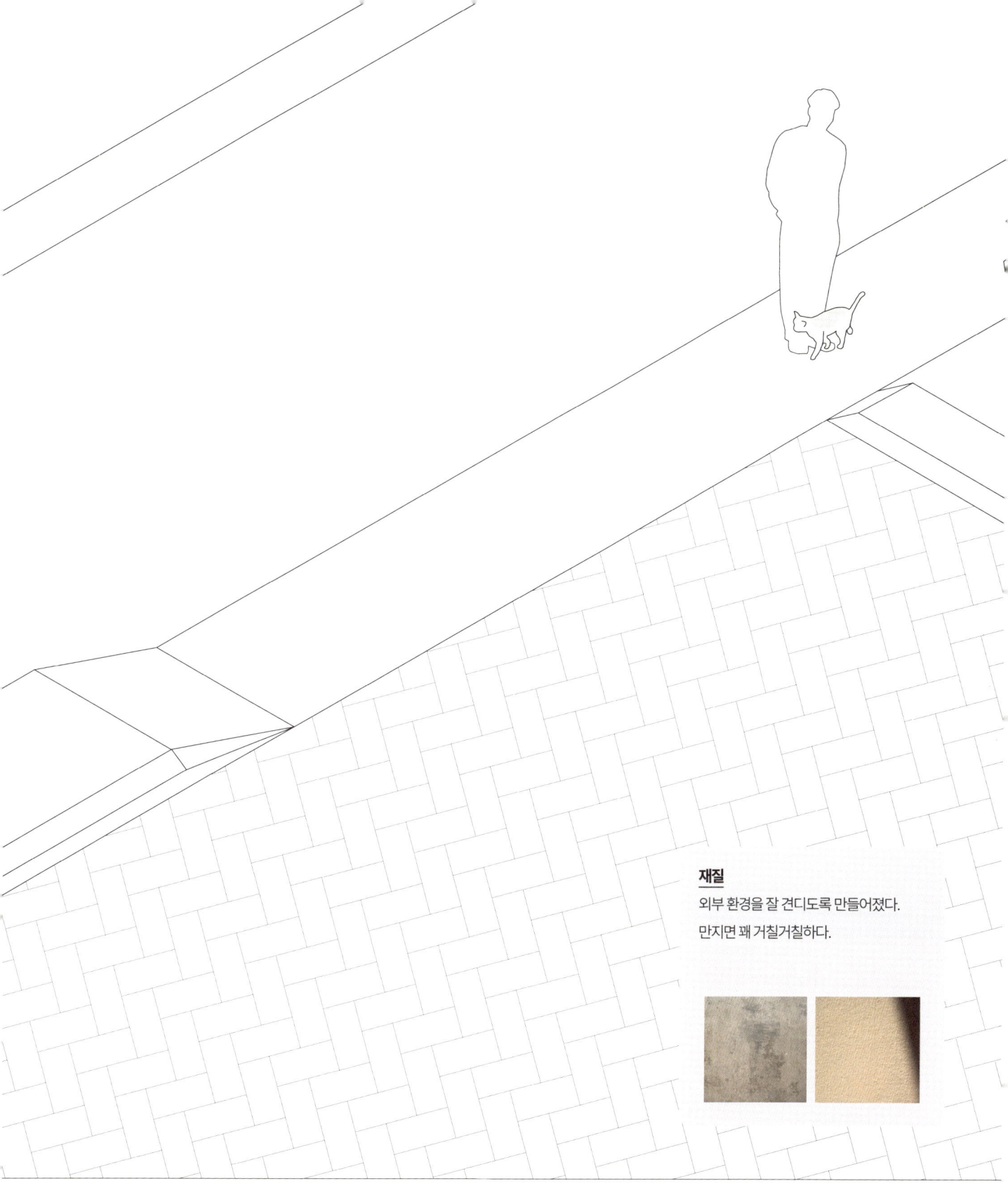

재질
외부 환경을 잘 견디도록 만들어졌다.
만지면 꽤 거칠거칠하다.

오토바이 덮개 Bike cover

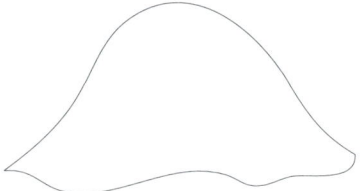

관찰

주차된 오토바이 위에 얇은 나일론 시트를 덮어 놓은 모습은 동네의 흔한 풍경이다. 덮개는 비와 직사광선을 막는 용도인데, 그 아래는 고양이가 엉덩이만 내놓은 채 낮잠을 즐기기에 완벽한 공간이다. 오토바이 주인이 나타나기 전까지만 말이다.

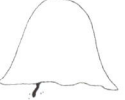

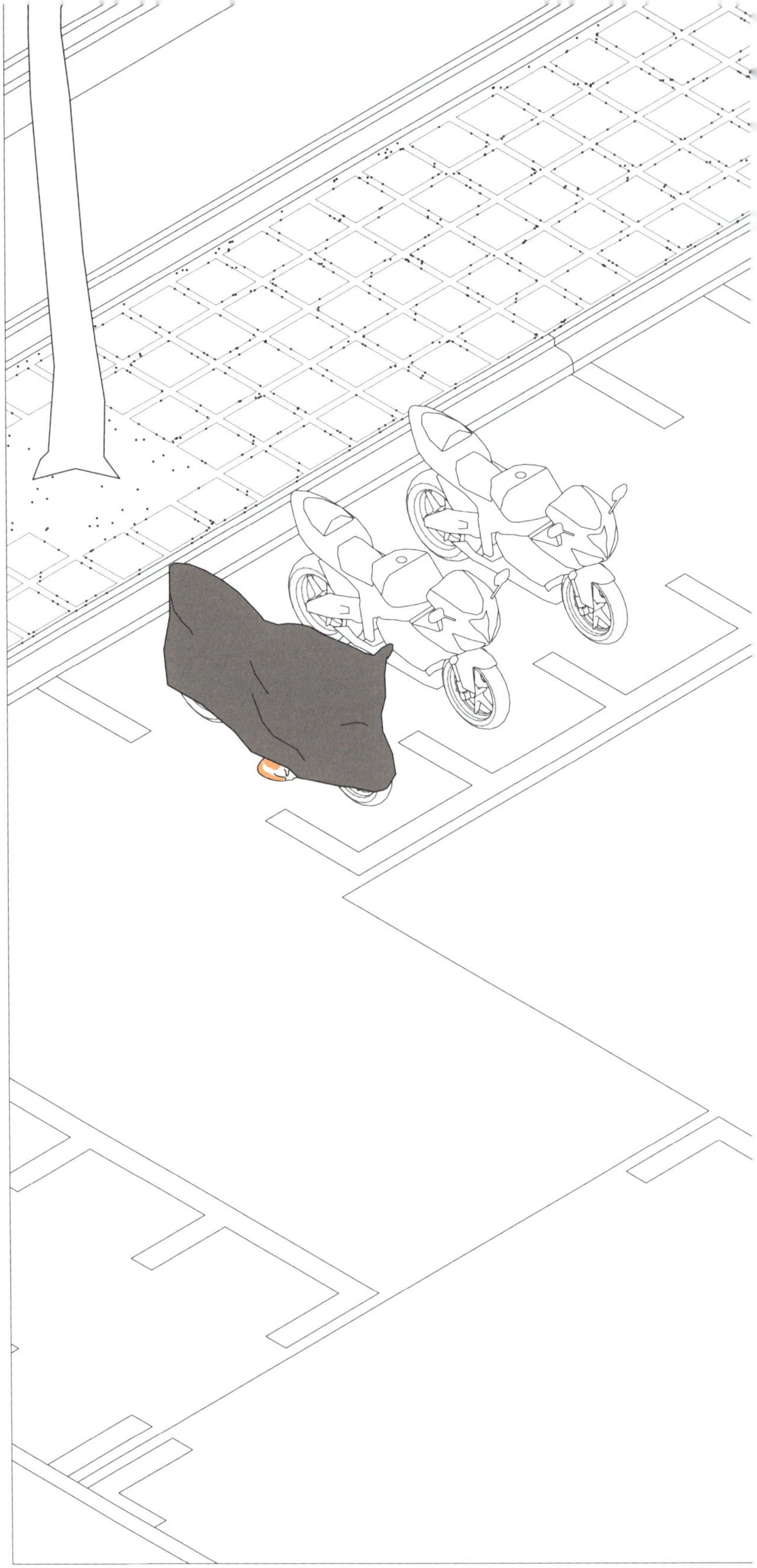

재질

얇고 매끄러운 나일론 시트는 산들바람이 불어오면 부드럽게 나부낀다.

잔디밭 Grass patch

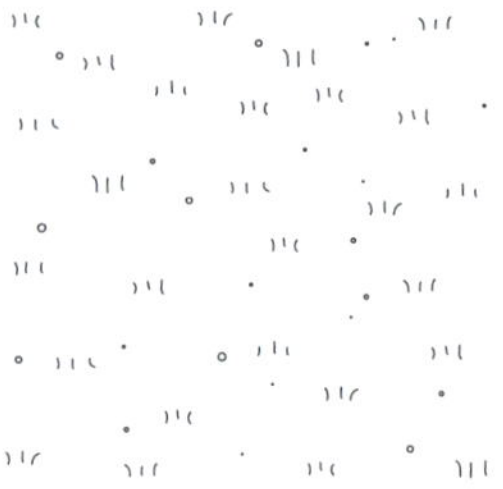

관찰

고양이에게 잔디밭은 '개방 화장실'이다. 개와 달리 고양이는 콘크리트 보도에서 볼 일 보는 것을 그다지 선호하지 않는다. 이는 고양이의 자연스러운 습성이다. 원체 청결을 중시하고 몸에 더러운 것이 닿는 걸 극도로 꺼리기 때문이다. 잔디와 흙이 있으면 볼 일을 보고 난 다음 잘 덮어서 감쪽같이 감출 수 있다.

68

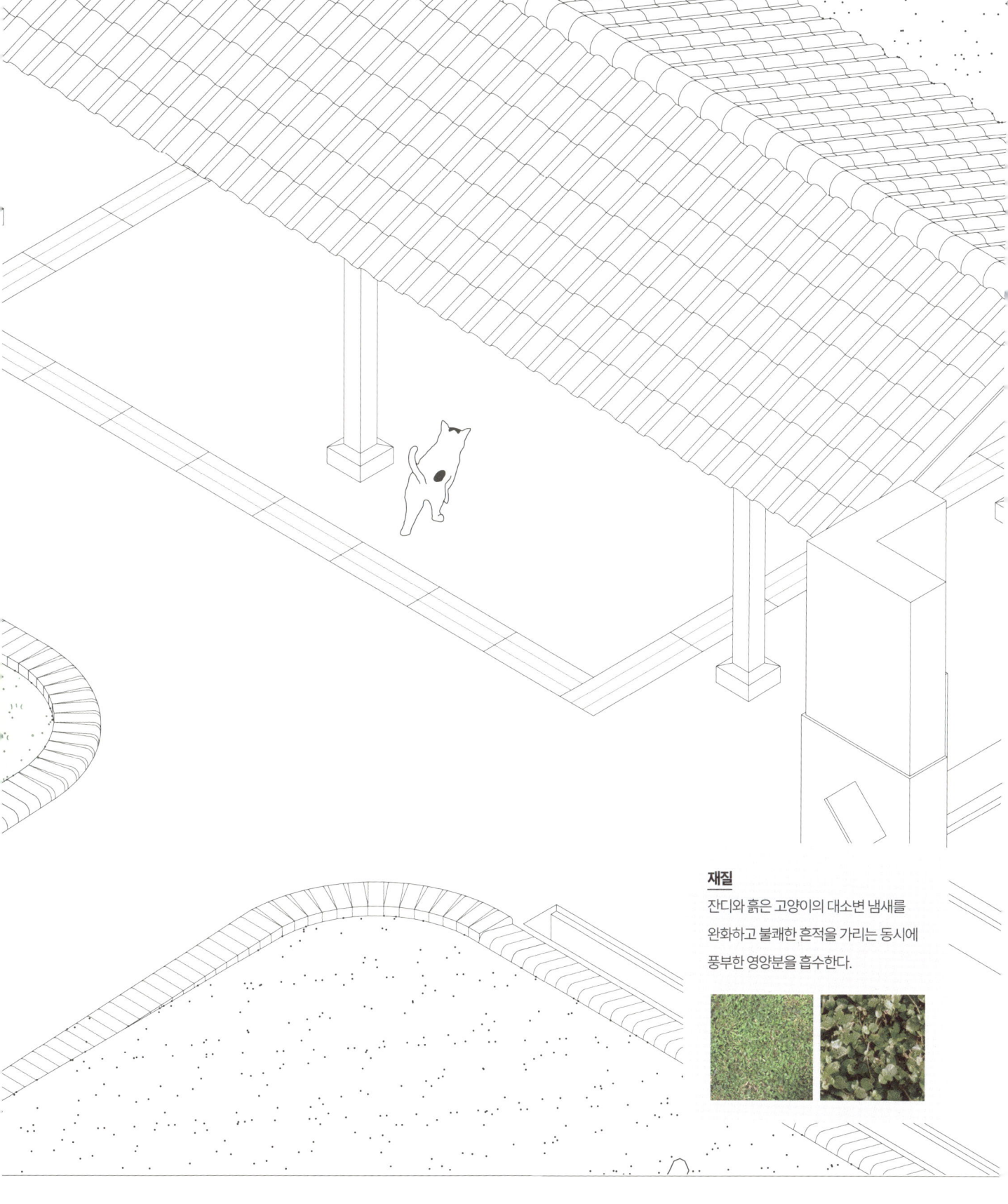

재질

잔디와 흙은 고양이의 대소변 냄새를 완화하고 불쾌한 흔적을 가리는 동시에 풍부한 영양분을 흡수한다.

나무 Trees

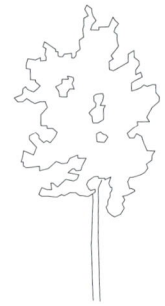

관찰

'캣타워'나 다름없는 나무에서는 다양한 활동을 펼칠 수 있다. 고양이는 나무줄기나 돌출 뿌리에 발톱을 갈고, 나무를 타고 올라가 나뭇가지에서 졸고 있는 새를 놀래주고, 나무 밑동에 몸을 비벼서 자신의 냄새를 주변에 퍼뜨린다. 우리는 나무에 몸을 문지르는 고양이를 보면서 발이 닿지 않는 부위를 시원하게 긁고 있다고 생각했다.

시원하다~

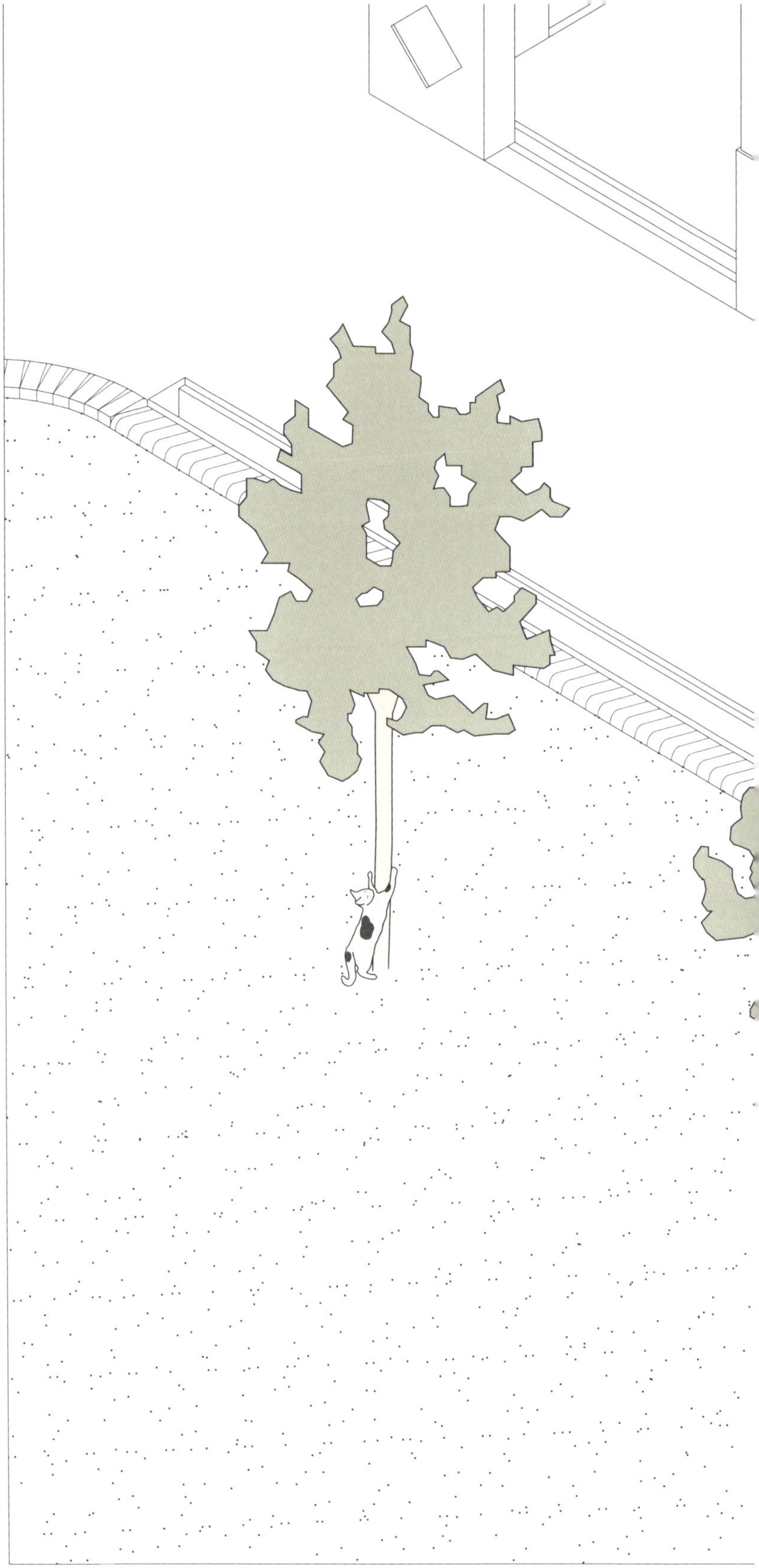

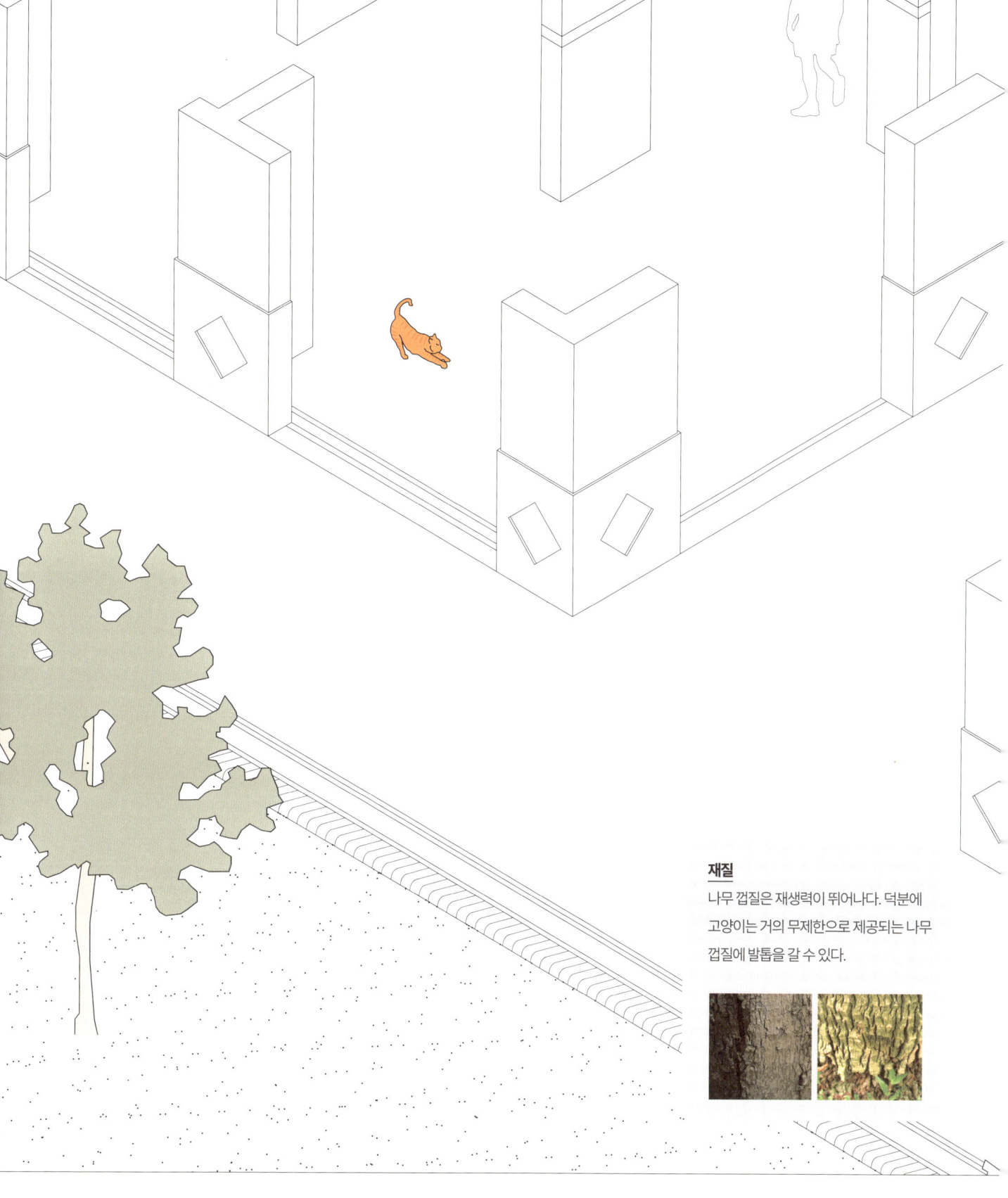

재질
나무 껍질은 재생력이 뛰어나다. 덕분에 고양이는 거의 무제한으로 제공되는 나무 껍질에 발톱을 갈 수 있다.

71

고양이는 어떻게 살고 있을까

고양이의 행동과 습관은 주변 환경이 주는 '선물'을 감지하면서 형성된다. 고양이는 날씨, 급식소 위치, 건물의 재질, 잠재적 위험 요소 등을 신중히 파악해서 생활 패턴에 반영한다. 자신을 둘러싼 환경에서 얻은 정보를 쌓아 가면서 쾌적하고 편안한 일상을 꾸려 나간다.

사이트 다이어그램 Site diagram

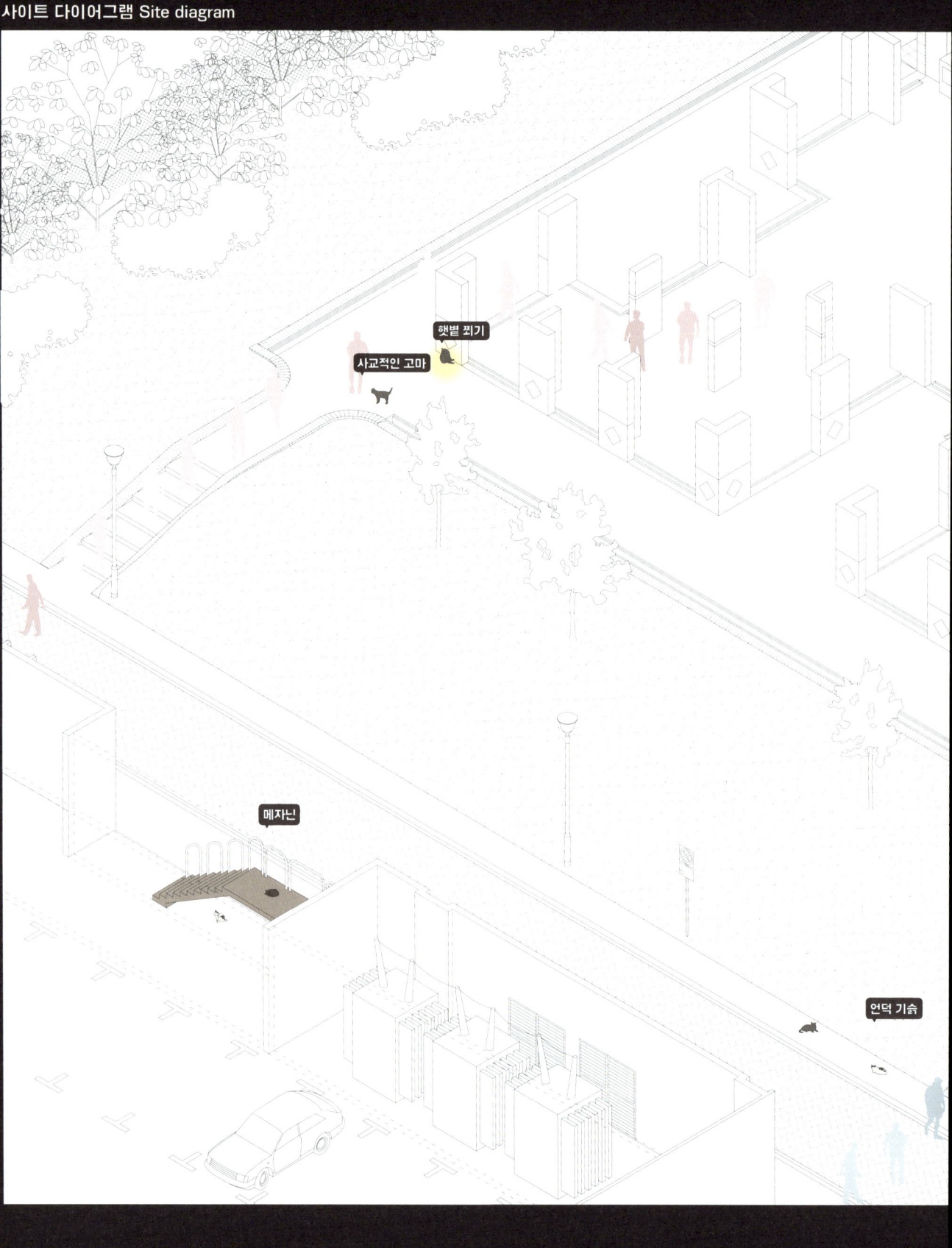

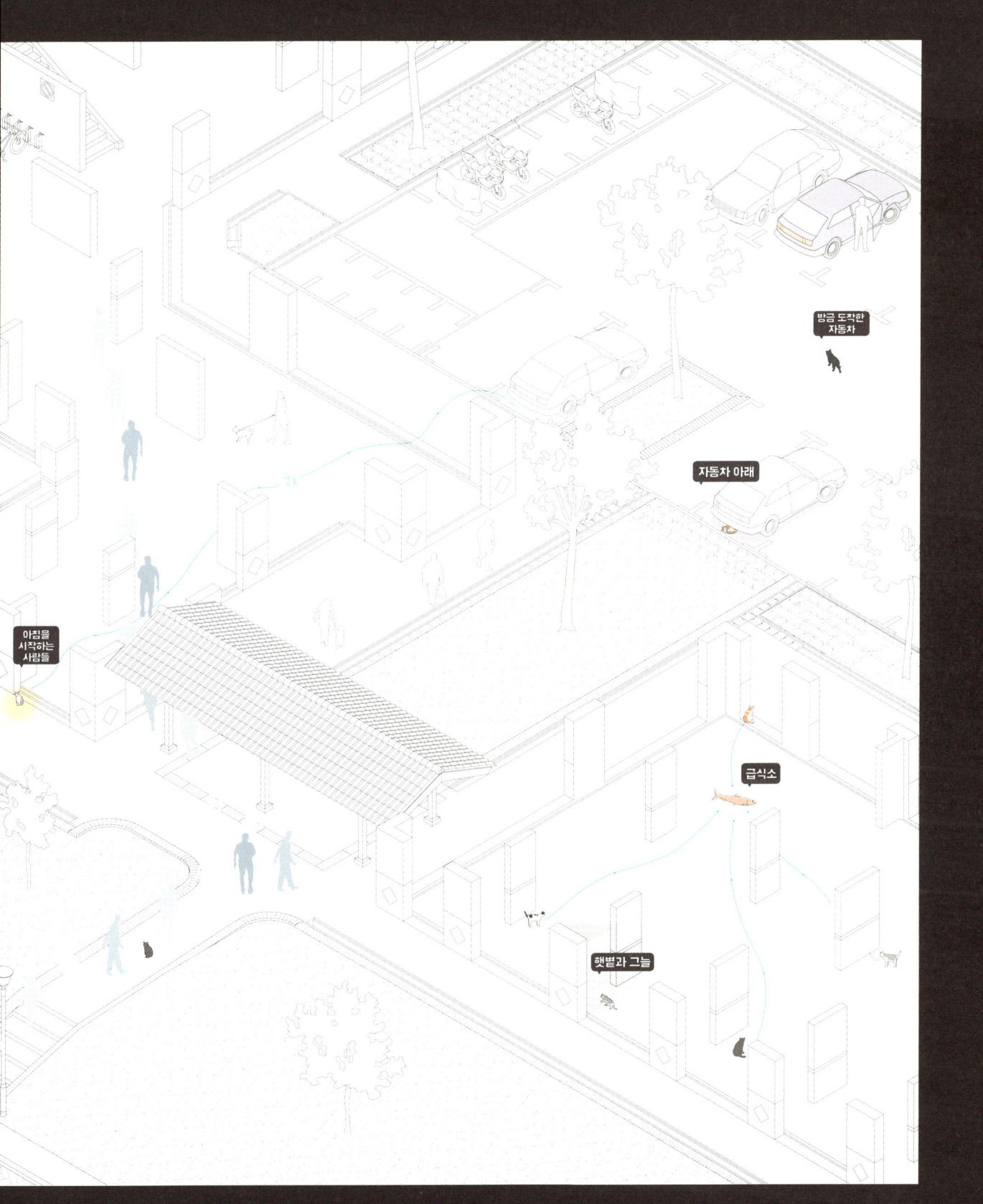

아침을 시작하는 사람들 Morning people

관찰
모든 것이 잠잠한 새벽. 태양이 떠오르고 서늘한 밤공기가 서서히 따뜻해진다. 주민들이 집에서 나와 자동차, 자전거, 버스 정류장으로 향하는 시간이다. 한편 야행성 고양이들은 하루를 마무리하려는 참이다. 고양이들과 함께 새로운 하루의 시작을 지켜보면, 아침 햇살과 사람들 발걸음 사이에서 흐르는 리듬을 발견할 수 있다.

이동하는 사람들
평일 아침 7~9시 사이, 버스 정류장으로 향하는 주민들이 자주 지나다니는 길목에서 시스터는 행인들과 안전 거리를 유지한다.

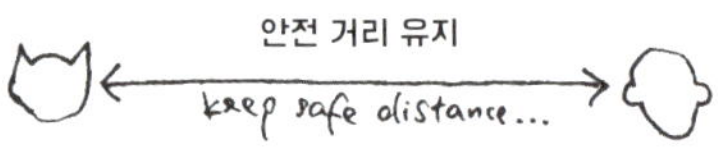

온기
보이드 데크 초입에 자리 잡은 시스터는 인간의 방해 없이 따뜻하게 내리쬐는 아침 햇살을 즐긴다. 자동차 아래에서 시작된 느리지만 신중한 여정. 이곳은 시스터의 아침 의식이 마무리되는 종착지다.

근접성
처음에는 시스터가 마음 내키는 대로 돌아다니는 줄 알았는데 그렇지 않다는 사실이 드러났다. 시스터는 인간들이 활발하게 이동하는 구역의 가장자리에서 그들을 관찰하고 절대 눈에 띄지 않도록 신중히 움직인다.

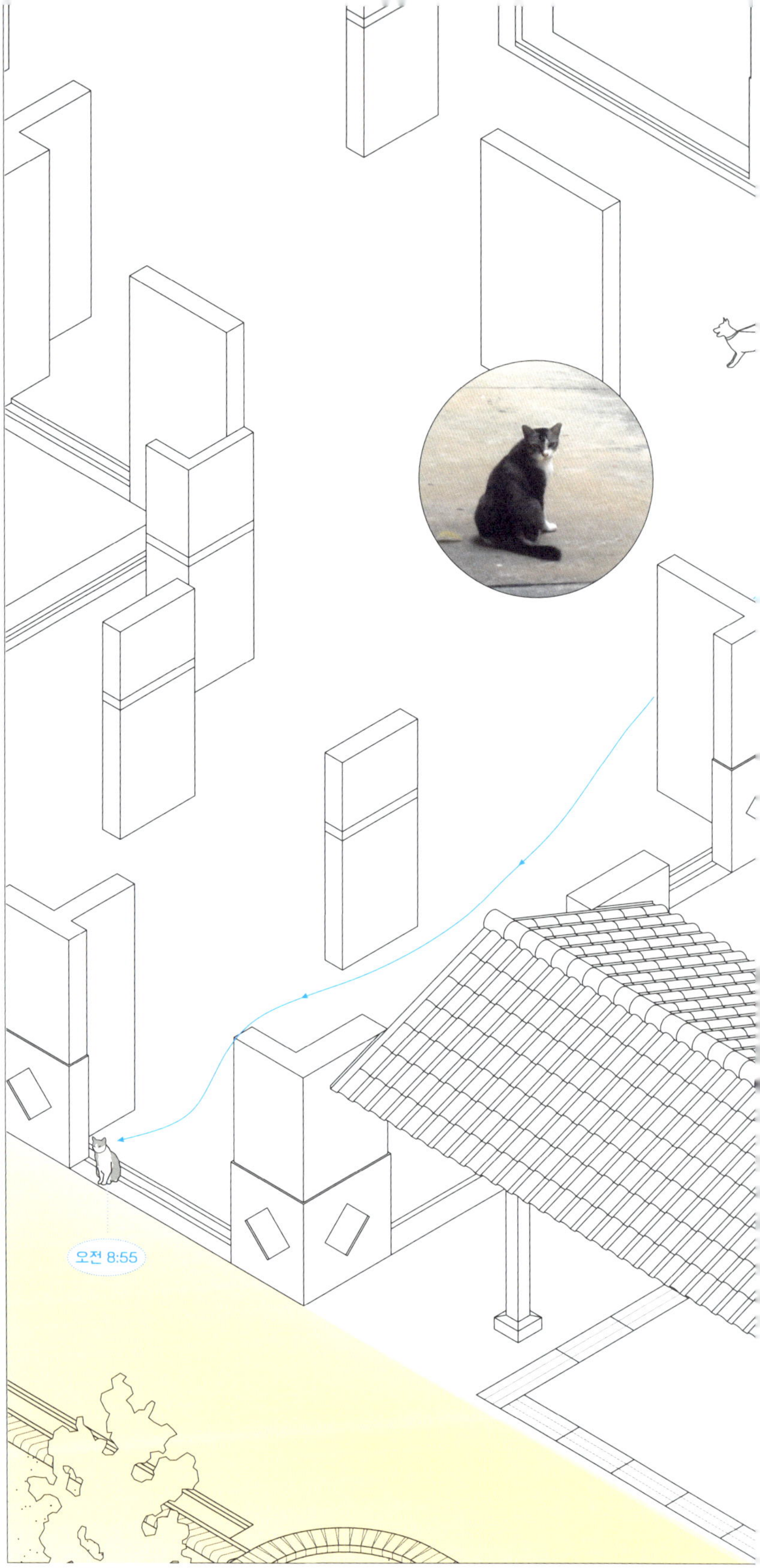

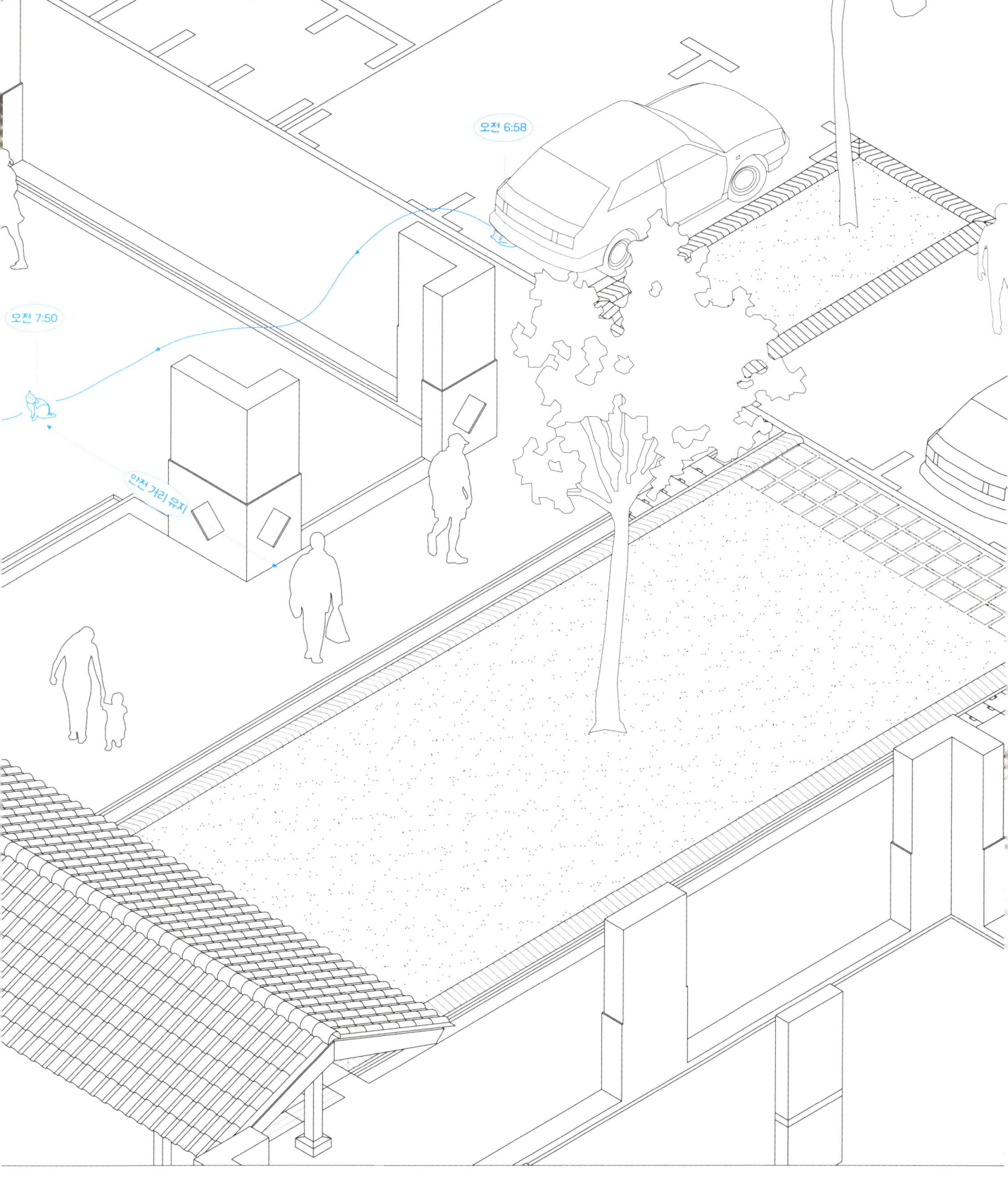

사교적인 고마 Social Goma

관찰
고양이들은 행인과 안전 거리를 유지하며 신중하게 자리를 잡는다. 하지만 고마는 다르다. 고마는 사람들이 자주 오가는 구역을 좋아하고, 익숙한 사람이 다가와 쓰다듬거나 배를 만져도 아랑곳 않는다.

아침
평일 아침 7~9시 사이, 고마는 출근하는 사람들이 오르내리는 계단 주변에 머문다. 버스 정류장과 큰길로 이어지는 지름길이라 사람들이 자주 지나다니는 구역이다.

저녁
평일 저녁 6~9시 사이, 고마는 아침에 머물던 곳과는 다른 계단에서 모습을 드러낸다. 가로등 불빛이 환해서 밤에 퇴근하는 주민들이 주로 이용하는 경로다. 이 시간대에는 어두운 지름길 계단을 이용하는 사람이 거의 없고, 이 사실을 잘 아는 고마도 매일 저녁 이곳에 온다. 이 계단은 고마의 급식소와도 가깝다.

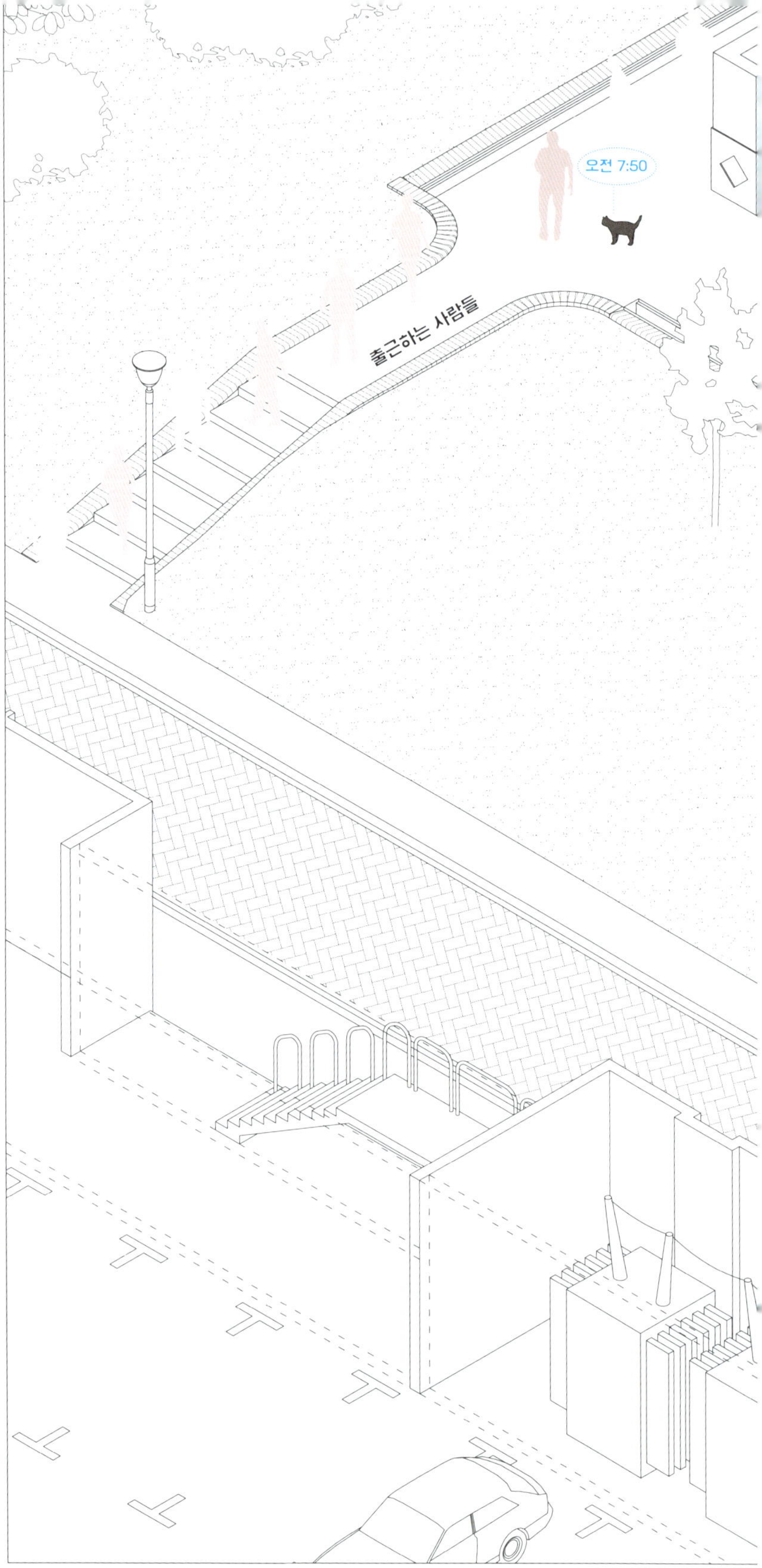

햇볕 쬐기 Sun bath

관찰
동네 고양이들에게 햇볕 쬐기는 아주 중요한 일과 중 하나다. 관찰에 따르면, 특히 고마는 햇볕을 언제, 얼마나 쬘지 분 단위로 계획한다. 온도에 민감한 고양이들은 주로 오전에만 일광욕을 한다. 오후에는 볕이 너무 뜨겁기 때문이다.❖

타이밍
주거동 바깥 모퉁이는 시원한 아침 공기가 순환하는 교차점으로 햇볕을 쬐기에 적절한 장소다. 아침 8~9시 사이에 볕이 잘 드는 유일한 곳이기도 하다. 역시 고양이는 언제나 최고의 선택을 한다!

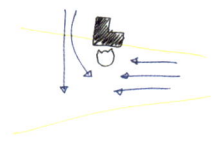

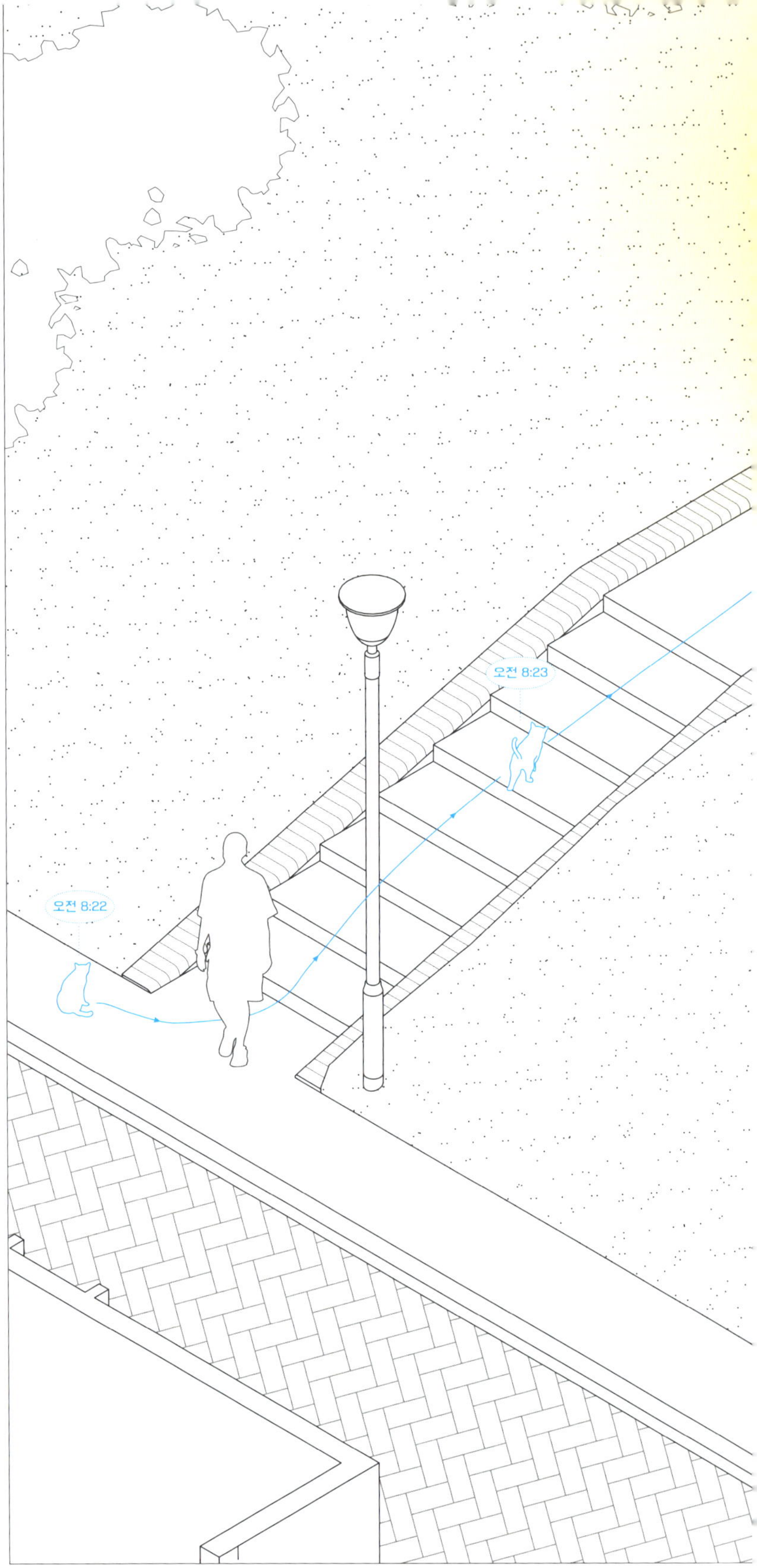

❖ 사계절이 있는 한국과 달리 싱가포르는 일 년 내내 한국의 한여름 날씨다.

재질

고마가 매일 기대앉아 시간을 보내는 페인트칠한 벽과 포장도로의 표면은 많이 낡았다. 이 자리는 다른 고양이가 감히 넘보지 못하는 고마 전용 공간이다. 기둥은 고마가 햇볕을 쬘 때 편안한 등받이가 되어준다.

자동차 아래 Under vehicles

관찰

믿기 어렵겠지만 따가운 햇살이 쏟아지는 오후에는 지면, 즉 바닥이 시원한 낮잠 장소다. 고양이들은 이를 잘 알고 있다. 우리가 종종 자동차나 나일론 덮개를 씌운 오토바이 아래에서 깊은 잠에 빠진 고양이를 볼 수 있는 이유다.

차가운 공기

뙤약볕이 내리쬐는 오후가 되면 뜨거운 공기는 위로 올라가고 차가운 공기는 내려앉는다. 자동차 아래 공간은 주차장 반대편에서 흘러오는 찬 공기 덕분에 온도가 상당히 낮아진다.

햇살

주차장은 13층 높이의 아파트에 둘러싸여 있어서 직사광선을 거의 받지 않지만 오후에는 견디기 힘들 정도로 온도가 상승한다.

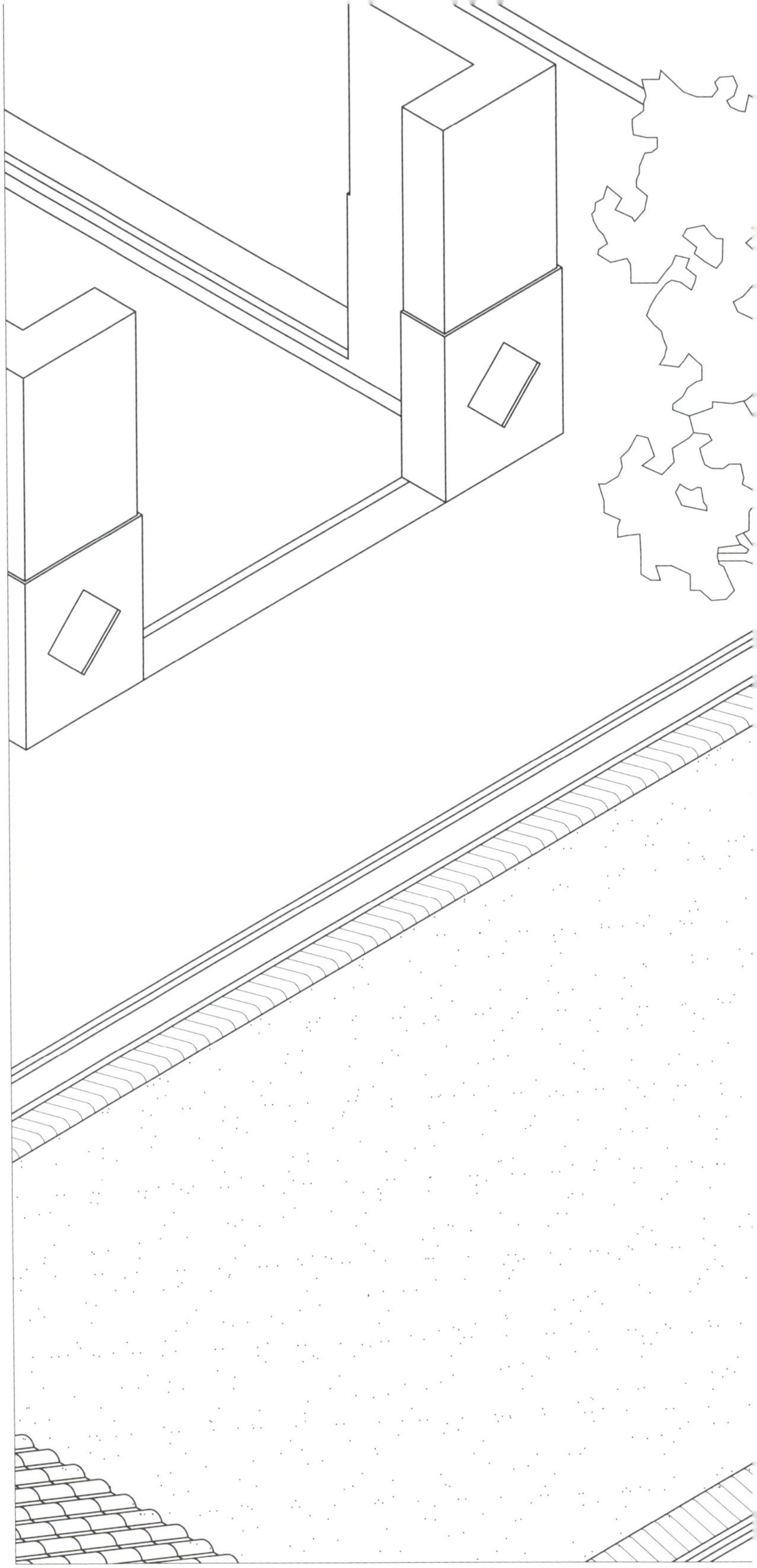

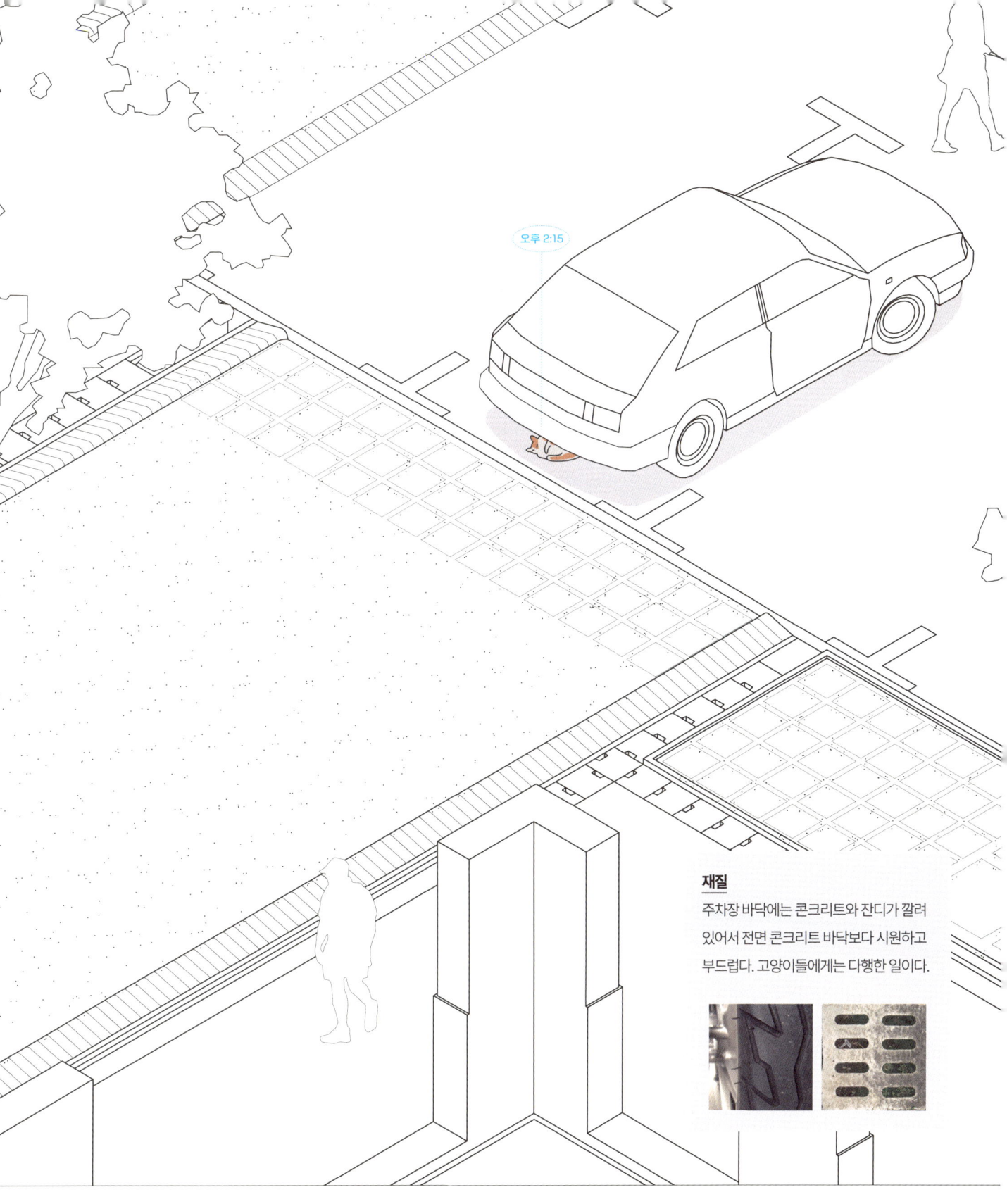

언덕 기슭 Bottom of hill

관찰
잔디 언덕 기슭은 한낮의 휴식을 취하기에 더없이 좋은 장소다. 주변 건물이 만들어준 그늘이 드리워지고, 언덕 위에서는 선선한 바람이 불어온다. 고마와 프렌드가 방해받지 않고 조용히 잘 수 있는 곳이다.

한산한
언덕 양옆에 계단이 있어서 잔디 위로는 인간의 발길이 뜸하다. 고양이들은 이 한산한 구역을 맘껏 누빈다.

바람
오후의 산들바람이 비탈을 타고 내려와 잠든 고양이의 털을 살랑살랑 흐트러트린다.

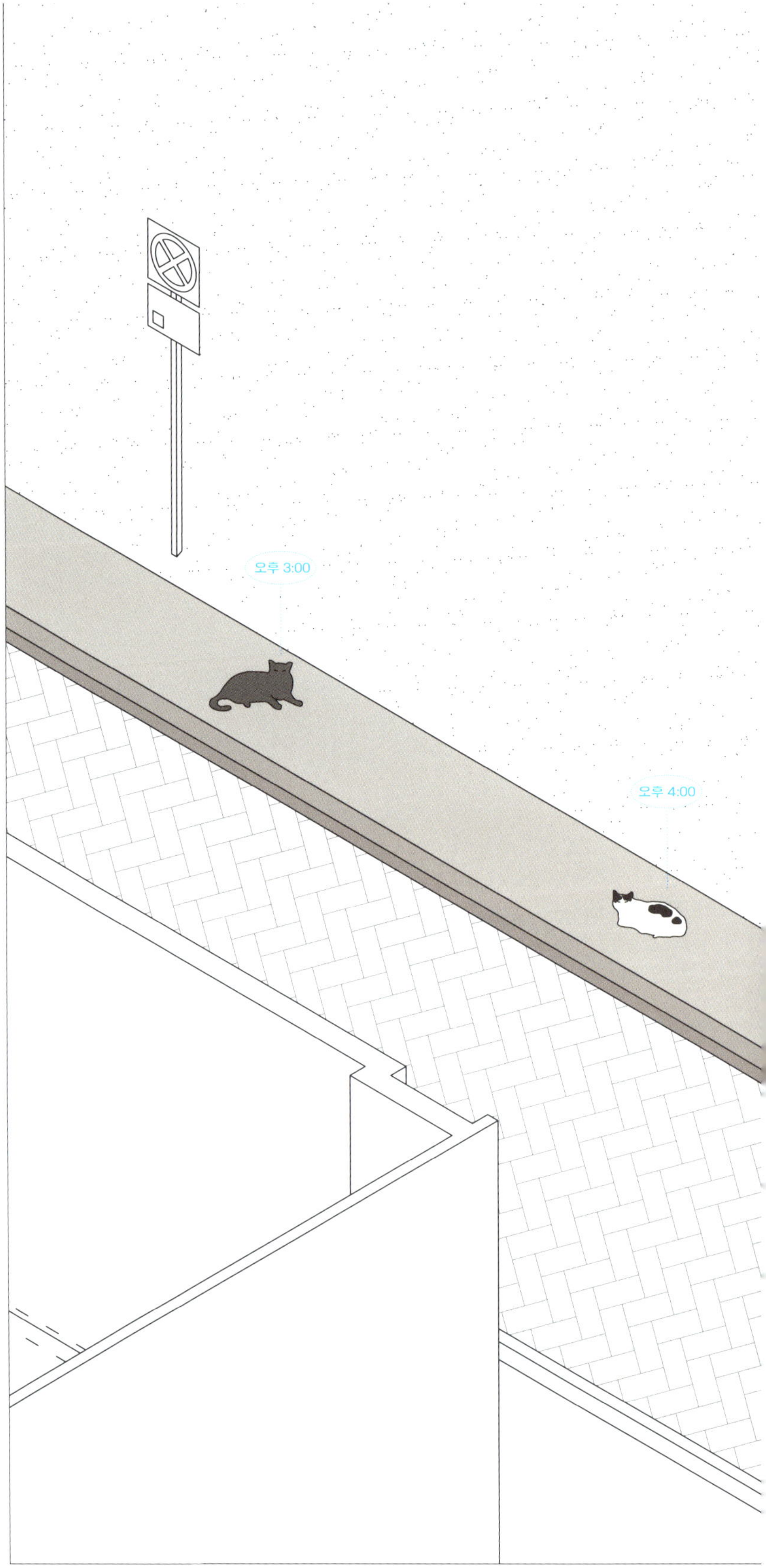

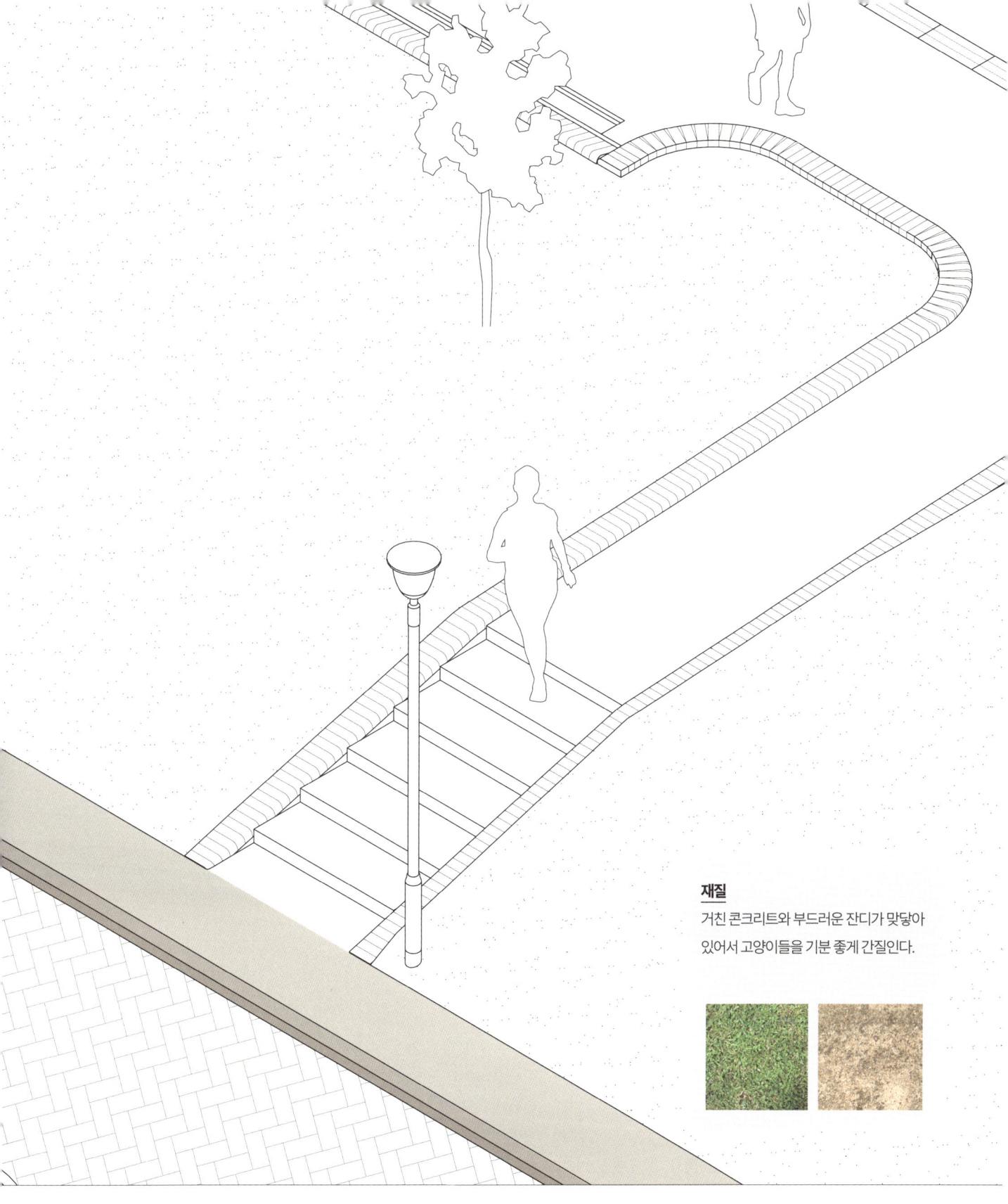

재질
거친 콘크리트와 부드러운 잔디가 맞닿아
있어서 고양이들을 기분 좋게 간질인다.

메자닌 Mezzanine

관찰
고양이는 인간의 눈에 웃기고 불편해 보이는 자세로 널브러져 쉬는 것을 좋아한다. 변전실 입구로 이어지는 메자닌 계단 위에서 곤히 잠든 고마를 발견했다. 프렌드는 메자닌 아래에 자리를 잡았다. 그의 내성적인 성격이 드러나는 선택이다.

고지대
잔디 언덕처럼 지대가 높은 메자닌에서도 비교적 안전하게 쉴 수 있다. 특히 고마는 이곳을 전망대로 활용한다. 메자닌 위에서 다른 고양이들에게 자신이 두 눈 시퍼렇게 뜨고 똑똑히 지켜보고 있다는 사실을 알린다.

시원함
반개방 형태인 메자닌은 지면에서 완전히 떨어져 있고, 언덕에서 불어오는 바람으로 늘 시원하다. 땅이 한껏 달궈지면 고마는 메자닌 아래로 피신한다. 언제 어디서나 자신에게 가장 편안한 자리를 찾는 고마다.

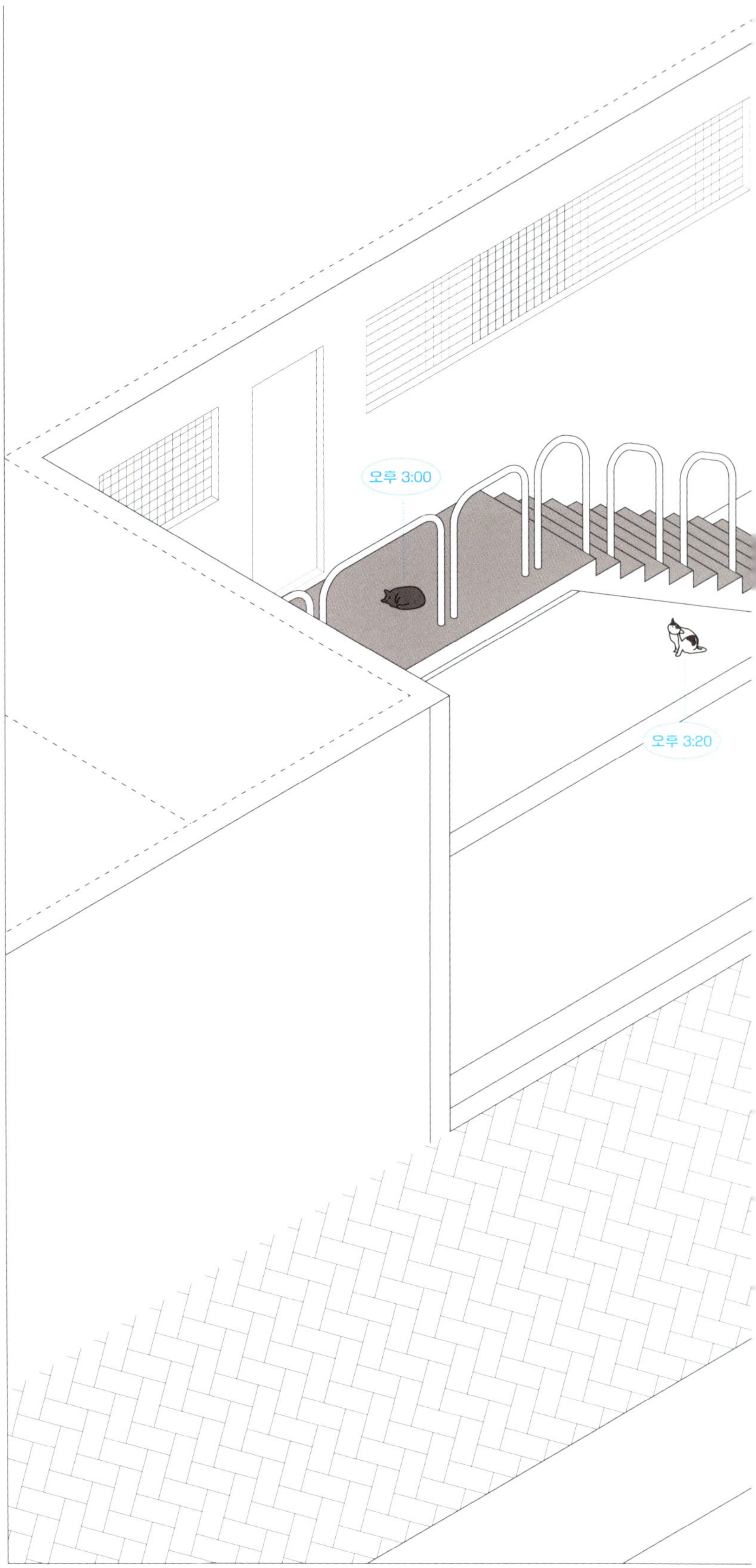

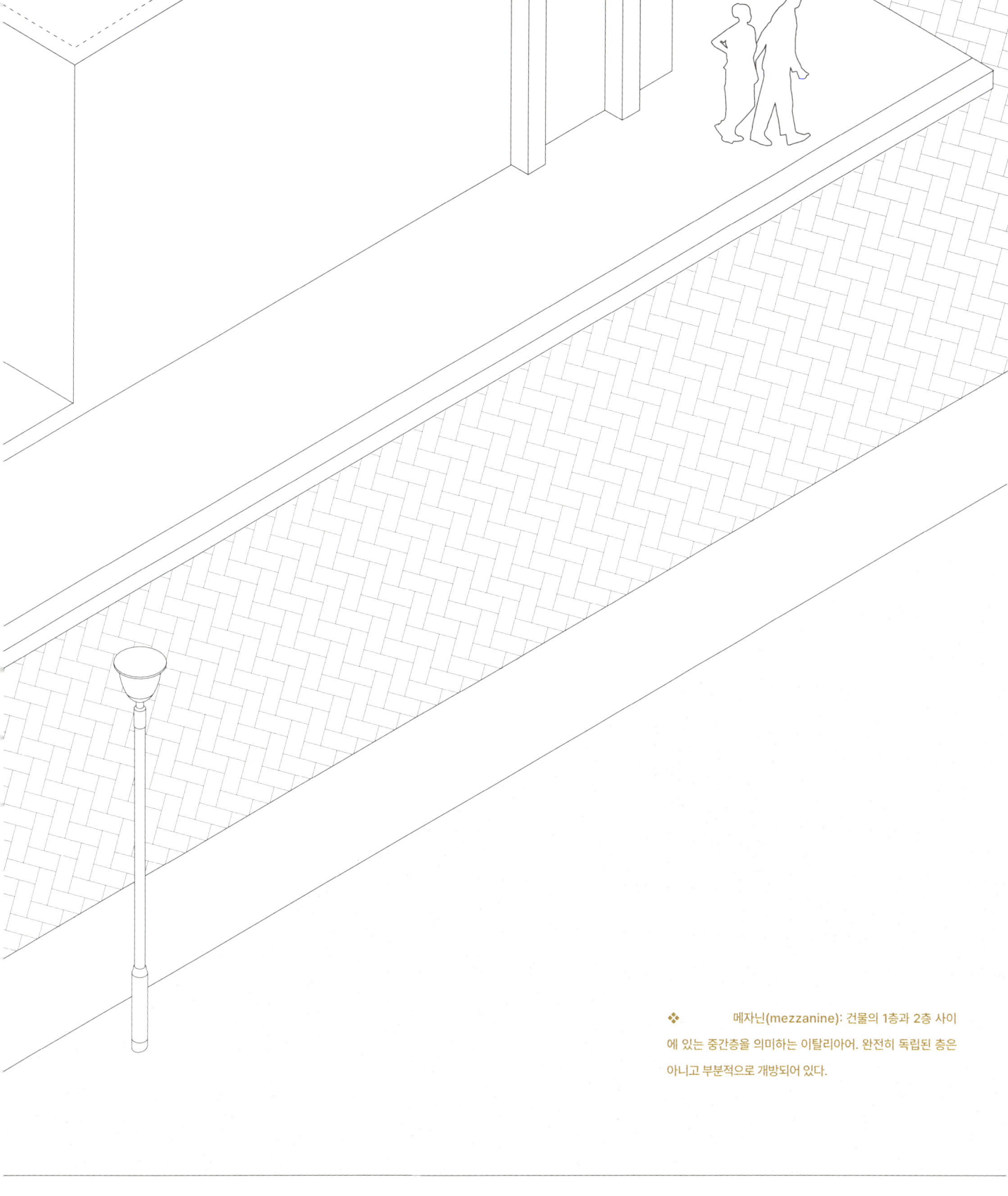

❖ 메자닌(mezzanine): 건물의 1층과 2층 사이에 있는 중간층을 의미하는 이탈리아어. 완전히 독립된 층은 아니고 부분적으로 개방되어 있다.

햇볕과 그늘 Sun & shade

관찰
해가 저물면서 곧게 뻗은 기하학적인 빛줄기가 보이드 데크에 드리워지면 고양이들이 빛살 아래에 엉덩이만 내놓고 꼬리를 살랑살랑 흔드는 모습을 볼 수 있다. 긴 낮잠에서 깨어난 뒤에 치르는 자기만의 의식일까? 그늘에 오래 머문 탓에 몸에 찬 기운이 스며들었나 보다.

온기
고양이가 몸의 일부만 양지에 내놓은 모습은 해가 낮아지는 늦은 오후 무렵에 볼 수 있다. 볕이 강하게 내리쬐는 시간, 고양이는 태양을 피하는 법과 몸의 열기를 조절하는 법을 잘 알고 있다.

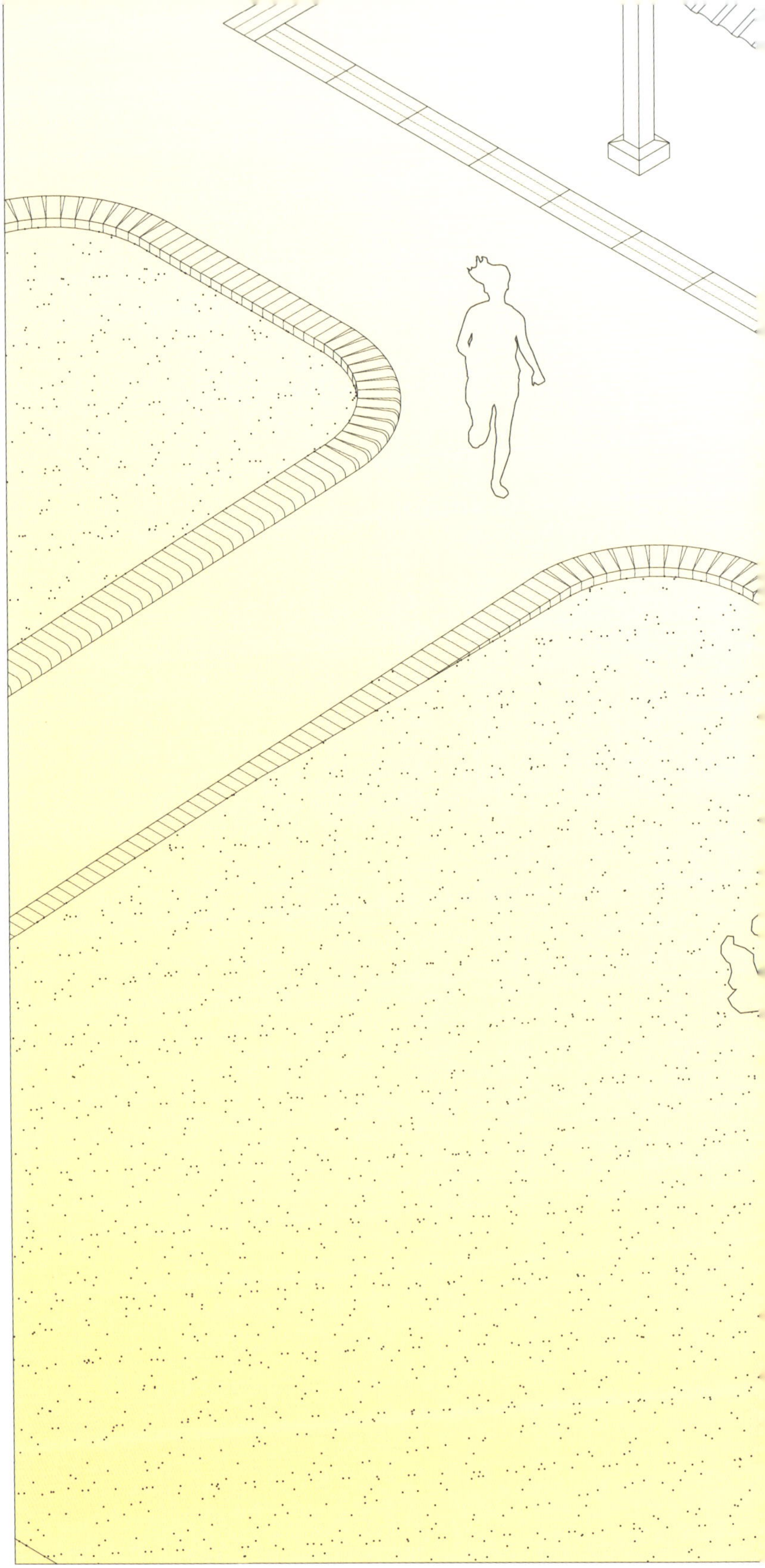

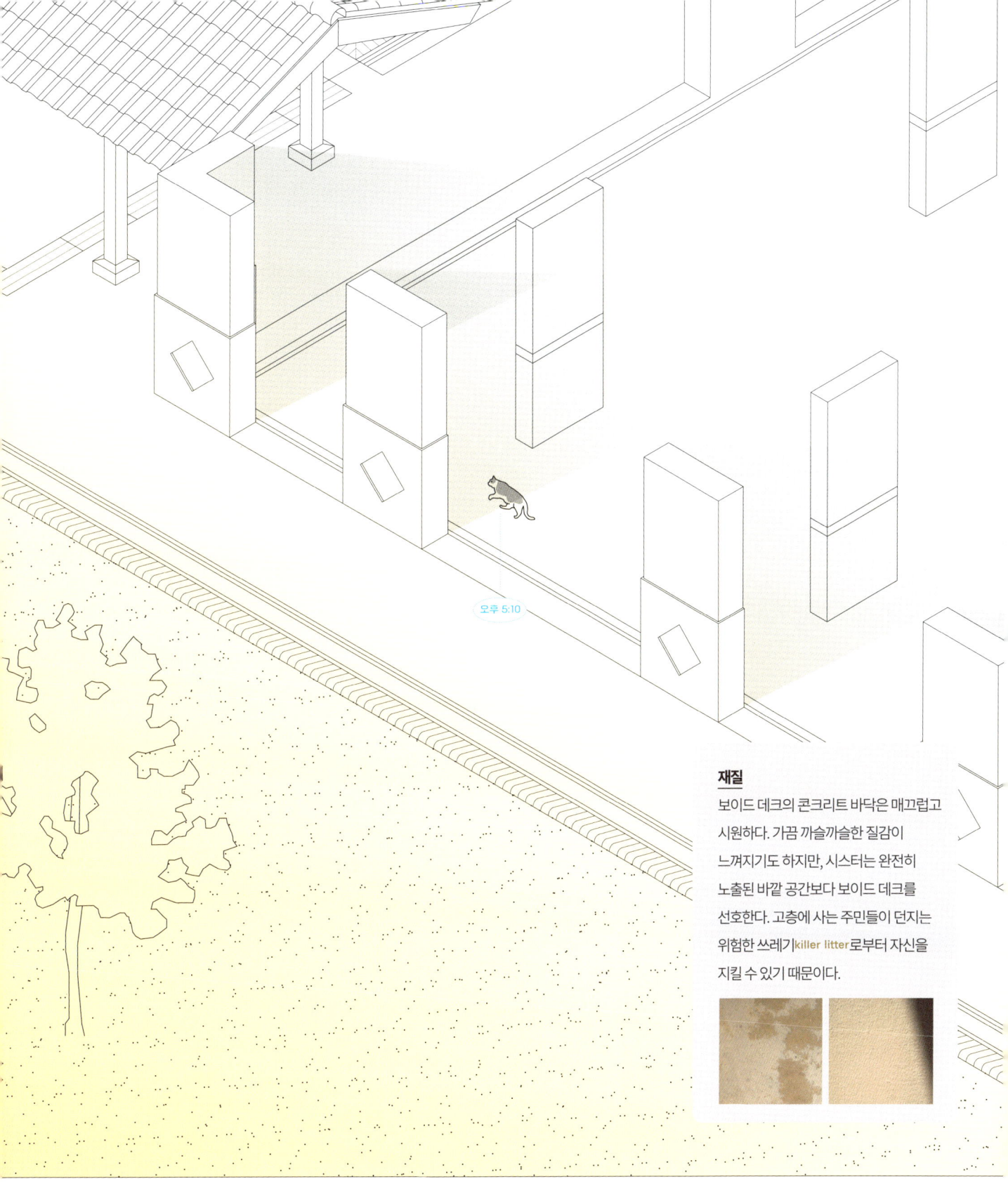

오후 5:10

재질
보이드 데크의 콘크리트 바닥은 매끄럽고 시원하다. 가끔 까슬까슬한 질감이 느껴지기도 하지만, 시스터는 완전히 노출된 바깥 공간보다 보이드 데크를 선호한다. 고층에 사는 주민들이 던지는 위험한 쓰레기 killer litter 로부터 자신을 지킬 수 있기 때문이다.

방금 도착한 자동차 Freshly parked car

관찰
하루 일과를 마친 주민들이 차를 몰고 집으로 돌아오면, 고양이들은 기대에 찬 눈빛으로 지켜본다. 엔진룸 아래쪽에 남아 있는 뜨끈뜨끈한 열기가 잠시나마 그들에게 기쁨을 주리라 상상하면서.

비비기
고양이들은 방금 주차된 자동차의 타이어가 몸을 비비기에 딱 좋을 만큼 따뜻하다는 걸 안다. 타이어에 코를 박고 킁킁거리며 우리가 알지 못하는 신호를 읽어내기도 한다. 타이어에 발톱을 가는 고양이도 있다. 말랑해진 타이어가 발톱 갈기에 최적의 도구인가 보다.

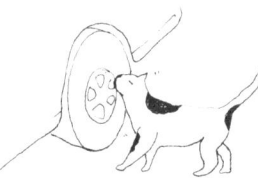

열기
주차장으로 들어오는 차들은 고양이들에게 소중한 열기의 원천이다. 따뜻한 차 밑으로 들어가 몸을 녹인다. 특히 밤공기가 서늘해지는 장마철에는 뜨끈한 자동차 아래 공간이 더없이 포근한 안식처가 되어준다.

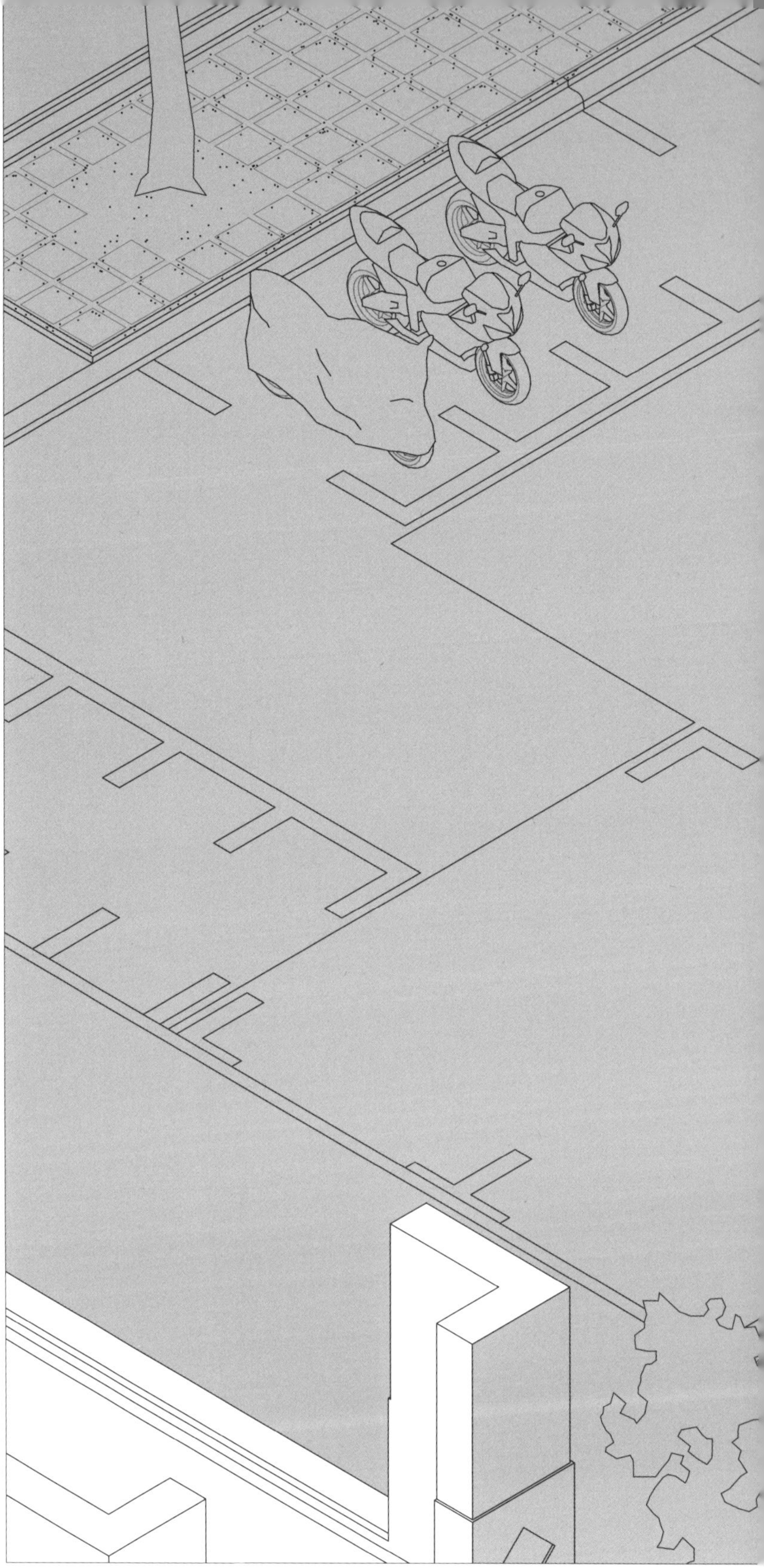

급식소 Feeding

관찰
동네에 사는 친절한 주민들이 네 고양이의 밥을 챙긴다. 하루 평균 서너 번 밥그릇을 채우고, 저녁은 주로 멋진 중년 부부가 준비한다. 우리는 고양이들이 밥을 먹기 전에 전략적으로 자리 잡는 방식을 알아냈다. 급식소가 잘 보이는 곳 주변에 '감시망'을 형성하는 것이다.

위치 선정
고양이들은 식사 시간이 가까워지면 급식소 근처에 자리를 잡는다. 흥미롭게도 모두가 급식소를 바라보고 있을 때 오직 화마오만 먹이 주는 사람들이 오는 방향을 뚫어저라 쳐다보고 있었다.

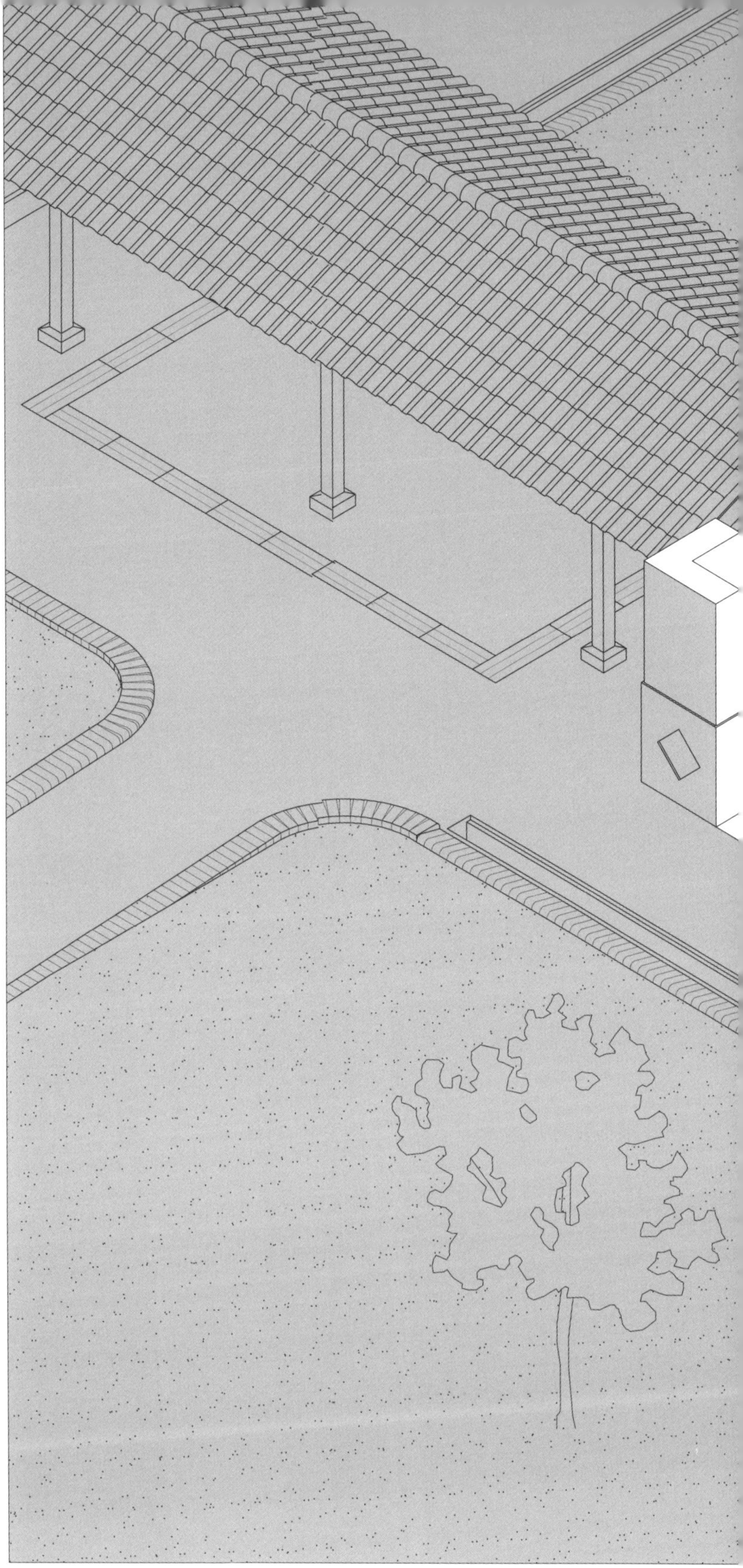

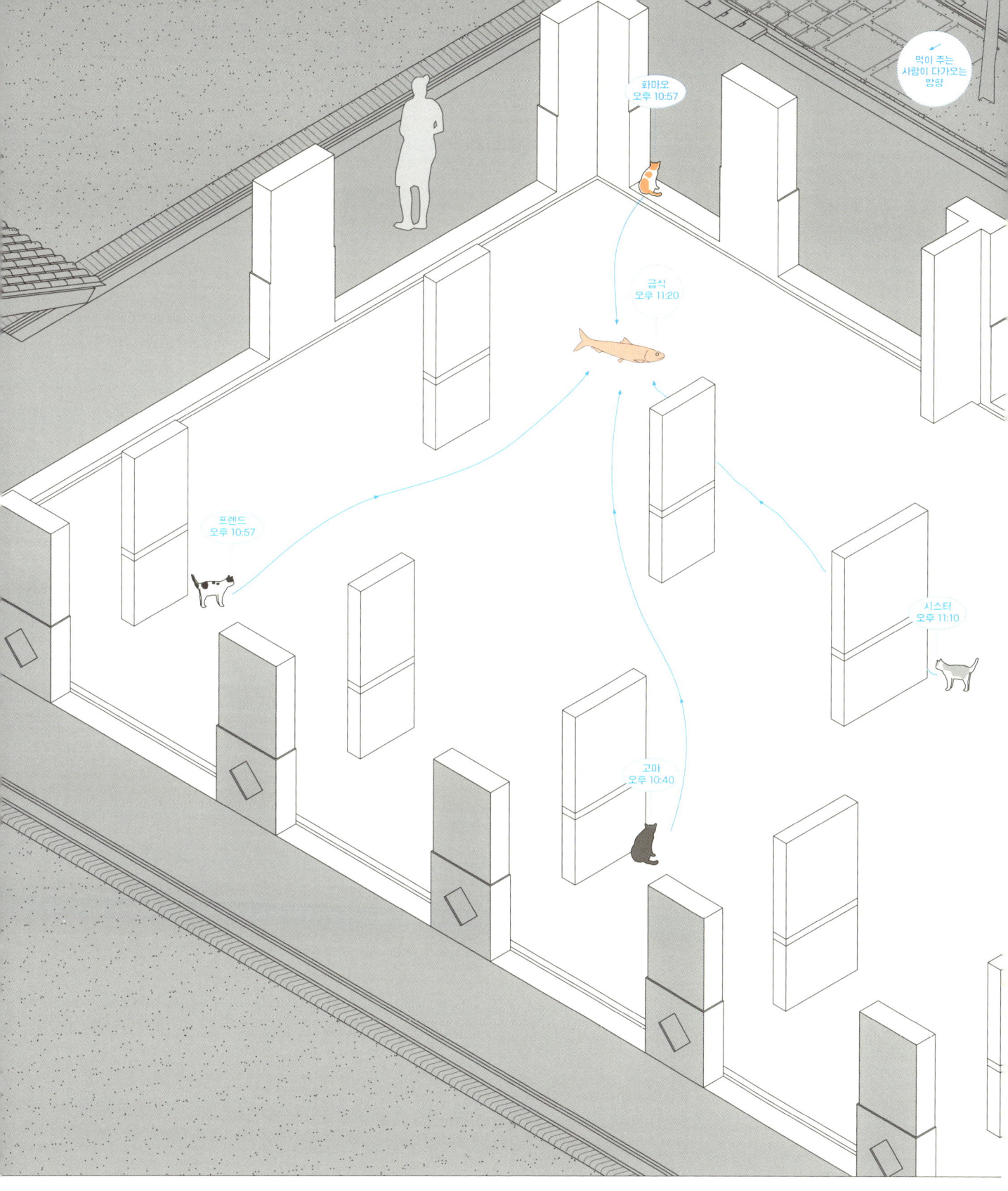

벽
없이 사는 법

고양이는 눈에 띄고 싶은 마음과 투명하게 지내고 싶은 마음 사이에서 절묘하게 균형을 잡는다. 자기 영역임을 알리되 위협을 피할 수 있을 만큼만 모습을 드러낸다. 자신을 보호할 물리적 벽이 없는 상황에서 이는 당연한 행동이다. 고양이는 언제나 경계를 늦추지 않는다. 인간, 목줄을 한 개, 쌩쌩 달리는 자전거, 낯선 고양이, 고양이를 쓰다듬고 싶어 안달하는 아기는 고양이에게 잠재적 위협이 된다. 안전을 지키려면 신중하게 자리 잡고 전략적으로 행동해야 한다.

사이트 다이어그램 Site diagram

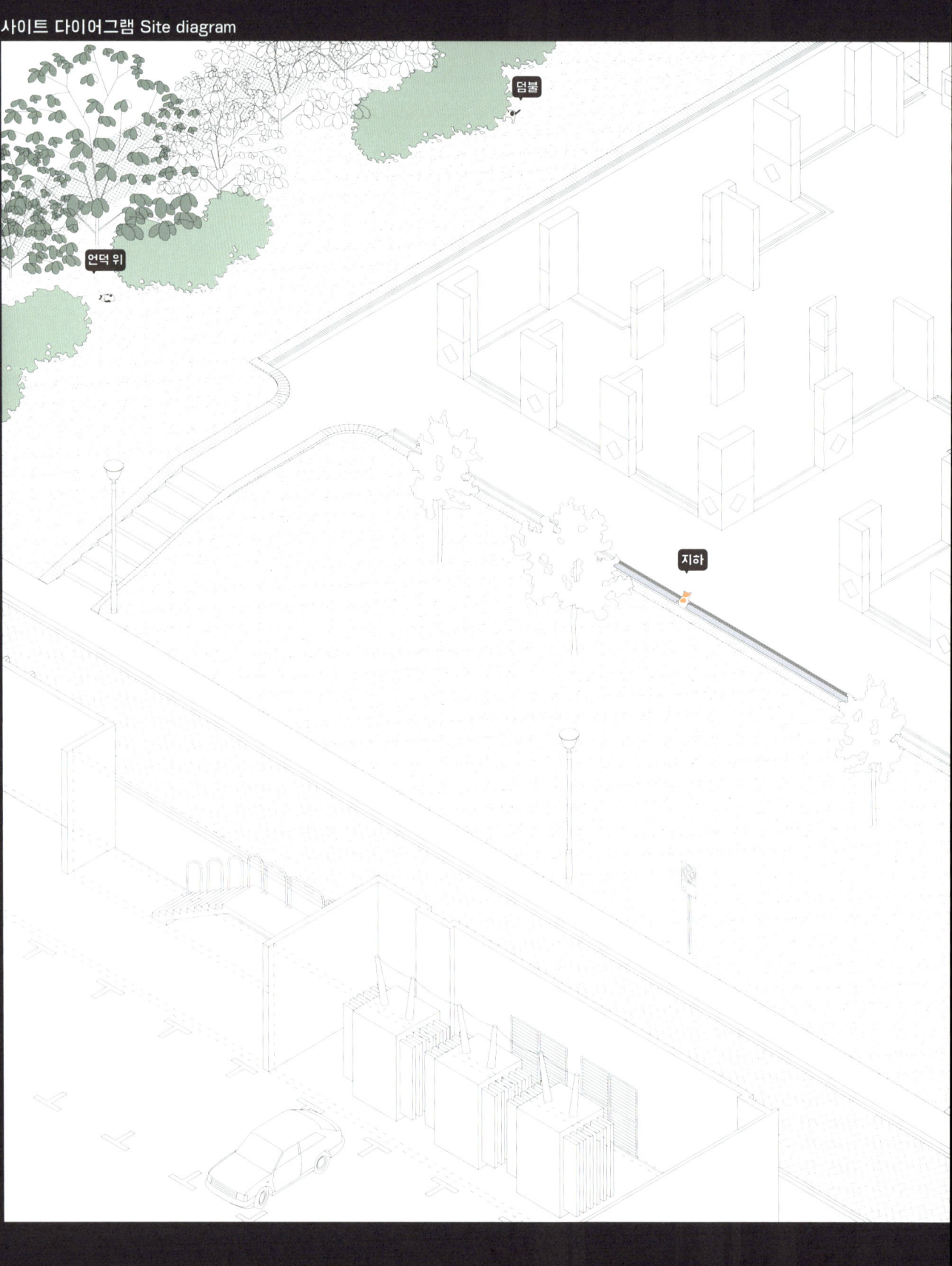

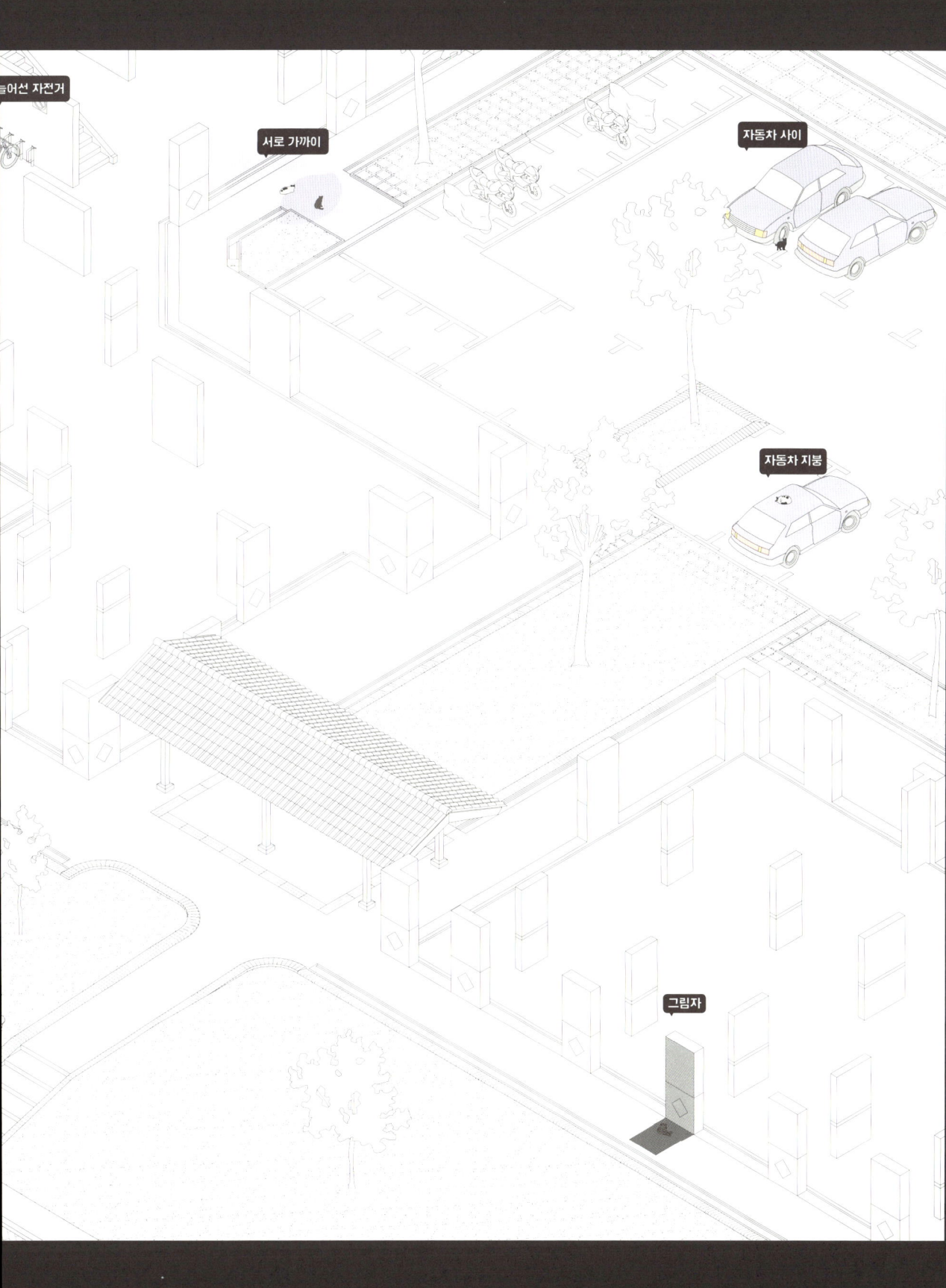

언덕 위 Atop a hill

관찰
언덕의 나무 그늘 아래에서 한가롭게 낮잠을 즐기는 프렌드를 발견했다. 우리가 다가가자 발밑에서 마른 풀잎들이 바스락바스락 소리를 내며 프렌드에게 위험을 알렸고, 그는 벌떡 일어나 잽싸게 달아났다. 아쉬웠지만 덕분에 프렌드가 그곳을 낮잠 장소로 고른 진짜 이유를 알았다!

소리
나무 아래에 마른 잎과 잔가지가 겹겹이 쌓여, 아주 작은 움직임에도 바스락 소리를 내는 자연의 '소리 풍경 sound-scape'을 만든다. 덕분에 프렌드는 오후 내내 안심하고 단잠에 빠져들 수 있었다.

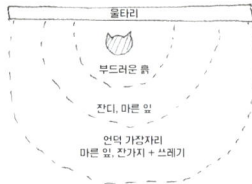

접근성
주민들이 잔디 언덕으로는 좀처럼 발을 들이지 않아서 마른 잎과 잔가지가 잔뜩 쌓여 있다.

재질
나무에서 떨어진 마른 잎과 잔가지가 바닥에 쌓이면 '알람 침대bed of alarm'가 만들어진다. 자연이 만든 소리 울타리인 셈이다.

자동차 사이 Between cars

관찰
고양이는 자동차 사이에 편안히 자리 잡고 인간의 발길이나 다른 고양이들의 움직임을 가만히 지켜본다. 비교적 탁 트인 이곳에서 한가로이 쉬다가 그늘이 필요하면 자동차 아래로 쏙 들어간다. 차들이 오후 내내 떠나지 않길 바라면서.

시원한 공기
그늘이 드리운 사이 공간은 차 밑에서 불어오는 선선한 바람으로 시원하다.

도망
자동차 사이에 자리 잡은 고양이는 다른 고양이나 인간에게 위협을 받더라도 궁지에 몰릴 일이 없다. 네 방향 '탈출구'로 빠져나가거나 잽싸게 자동차 아래에 숨으면 그만이다.

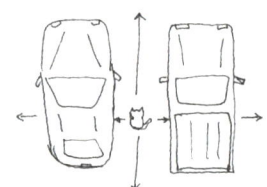

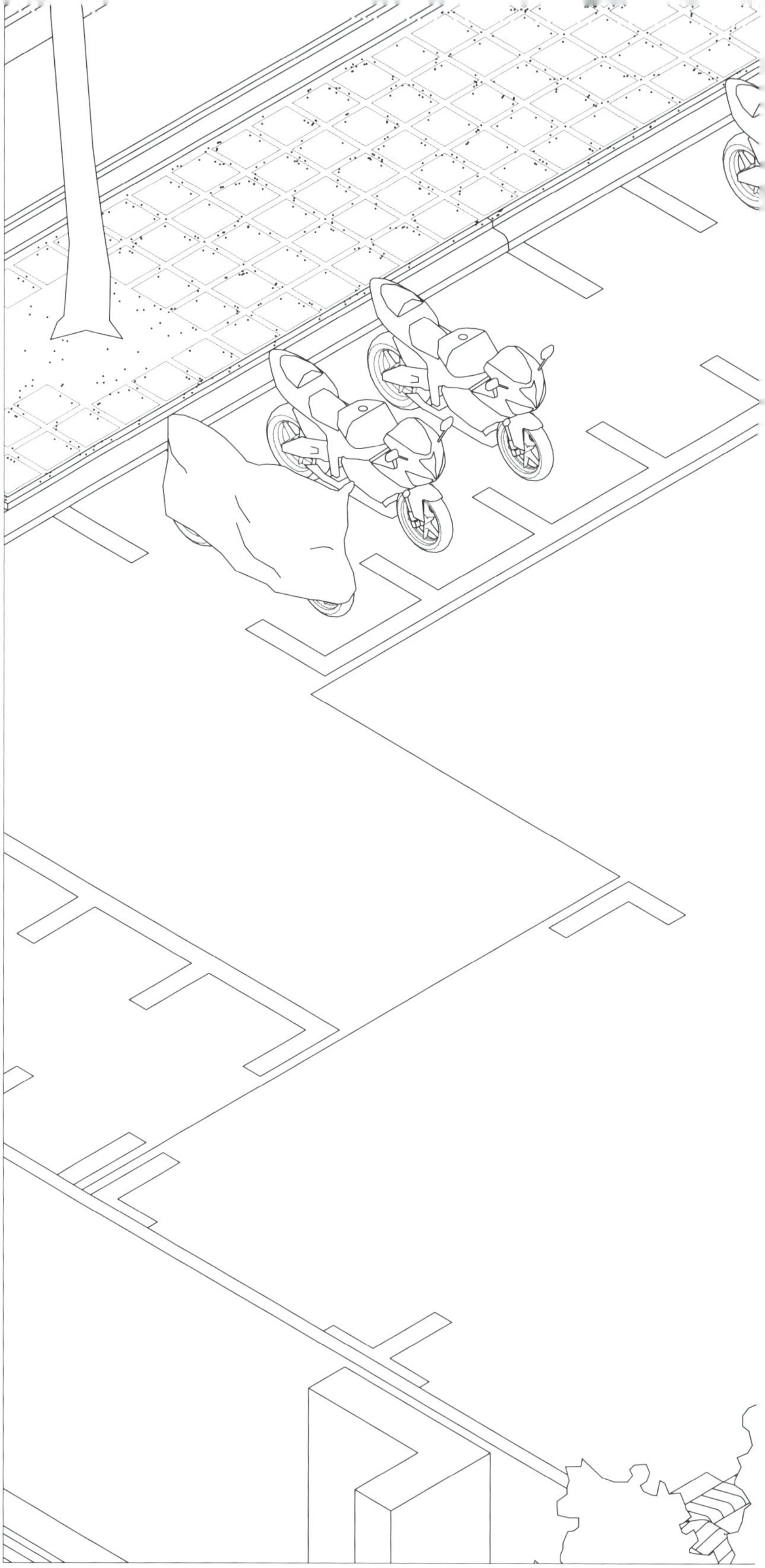

서로 가까이 Closer

관찰
고양이는 날씨가 맑은 날이면 탁 트인 하늘 아래에서 쉬는 것을 좋아한다. 그동안의 관찰 결과가 알려주듯, 열린 공간에서 쉬면 사방에서 위협 받을 가능성이 높아진다. 이를 아는 고양이들은 가까이에서 지내며 작은 연대를 형성한다. 서로를 지켜줄 수 있도록.

친밀함
혼자 쉬는 고양이는 안전감을 느끼기 위해 기둥과 벽 같은 커다란 수직 구조물 근처에 자리를 잡는 경향이 있다. 프렌드와 고마는 탁 트인 공간이라도 함께 있을 때면 한결 편안해 보인다. 고양이 사회에서도 친구가 있다는 건 꽤 좋은 일이다.

개별 영역
고양이들이 가까이 붙어 지내면, 개별 영역이 서로 겹치면서 확장된다. 덕분에 홀로 있을 때보다 훨씬 넓은 '방어 영역'을 형성할 수 있다.

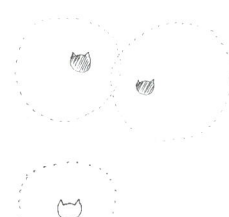

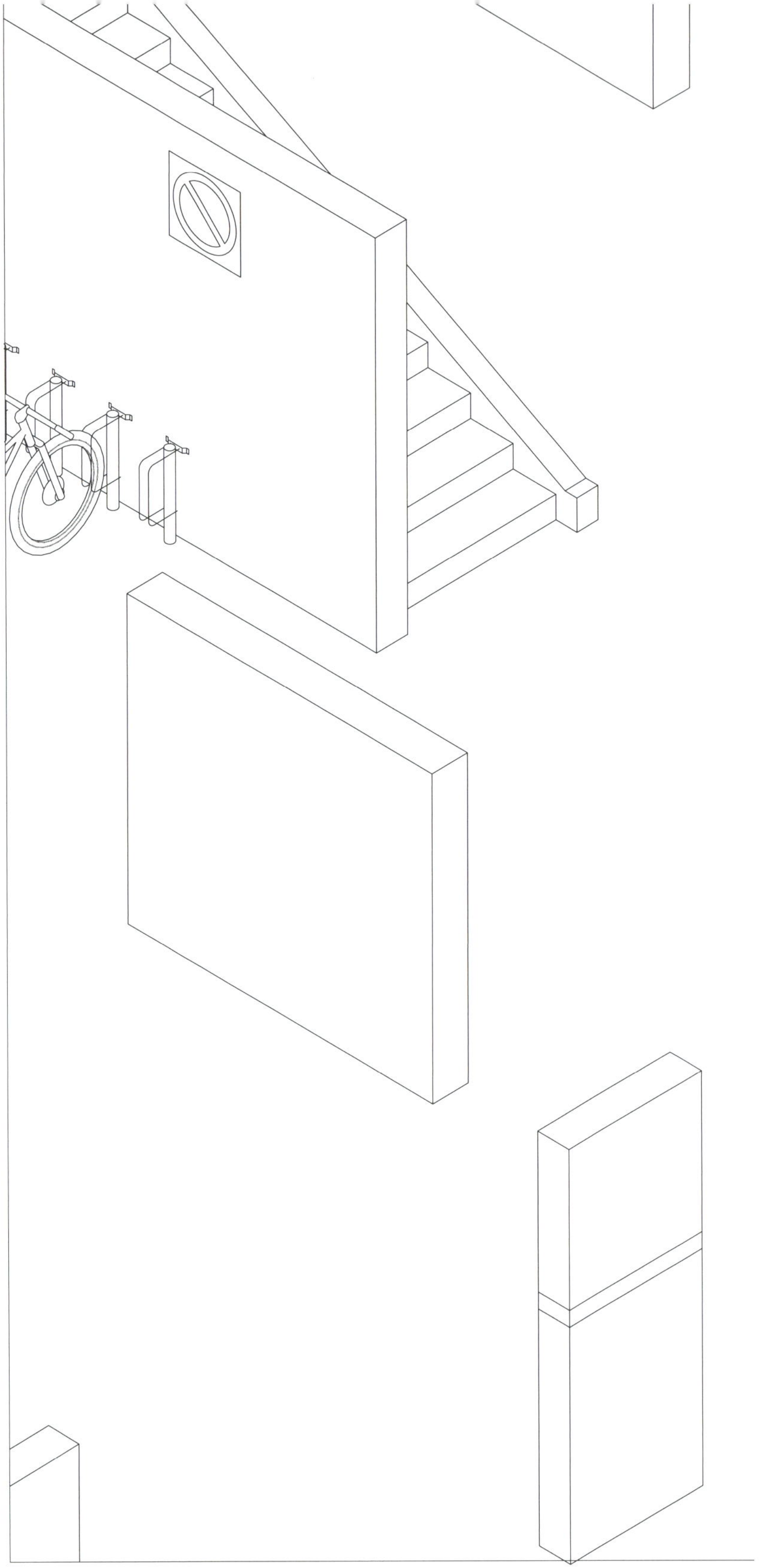

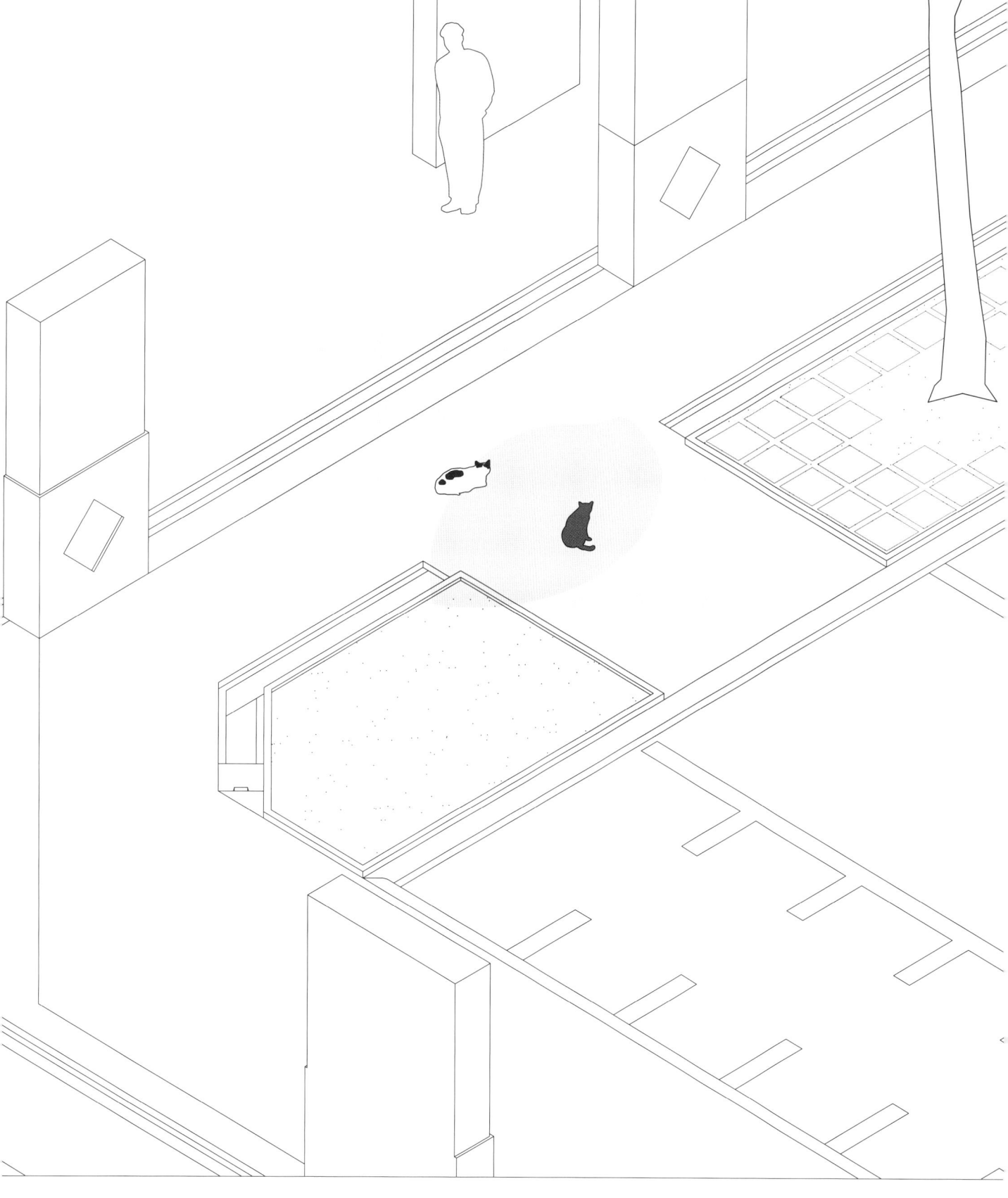

지하 Underground

관찰
가끔 어디서도 고양이들이 보이지 않을 때가 있다. 모두 땅속으로 사라져버린 걸까? 고양이에게 배수로는 혼자만의 시간을 보내기에 좋은 비밀 통로다. 배수로를 거닐다 보면 아름다운 정원을 발견하거나 다른 고양이와 마주칠지도 모른다.

시각
어두운 배수로에서는 눈을 동그랗게 뜨고 산책할 수 있다. 고양이들의 표정이 한결 부드러워진다.

밝을 때   어두울 때

활동
배수로에서 무슨 일이 벌어지는지는 알 수 없지만, 어쩌면 이곳은 고양이들이 성가신 인간 없이 모일 수 있는 장소이거나 새로운 모험지로 향하는 길인지도 모른다.

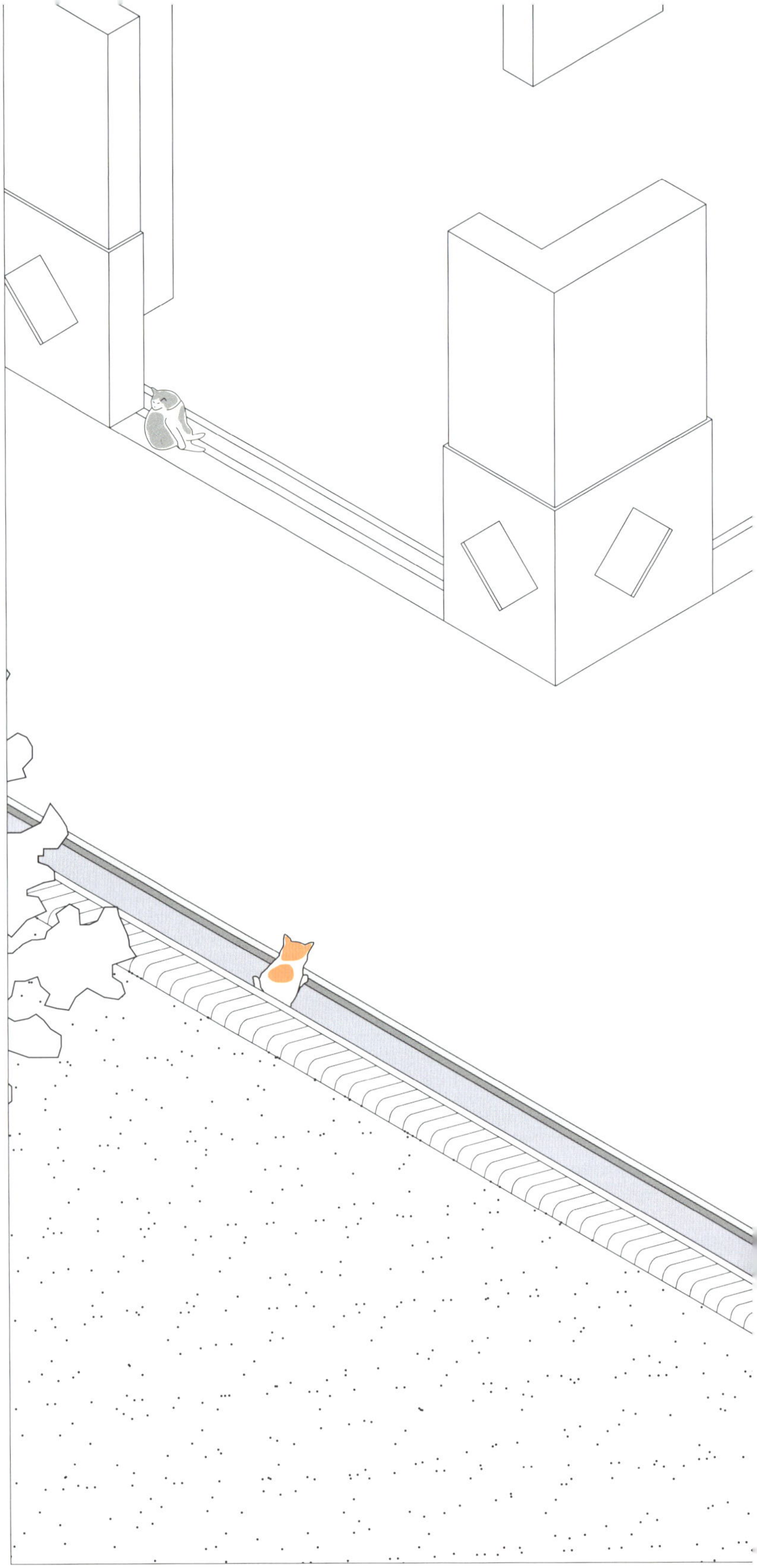

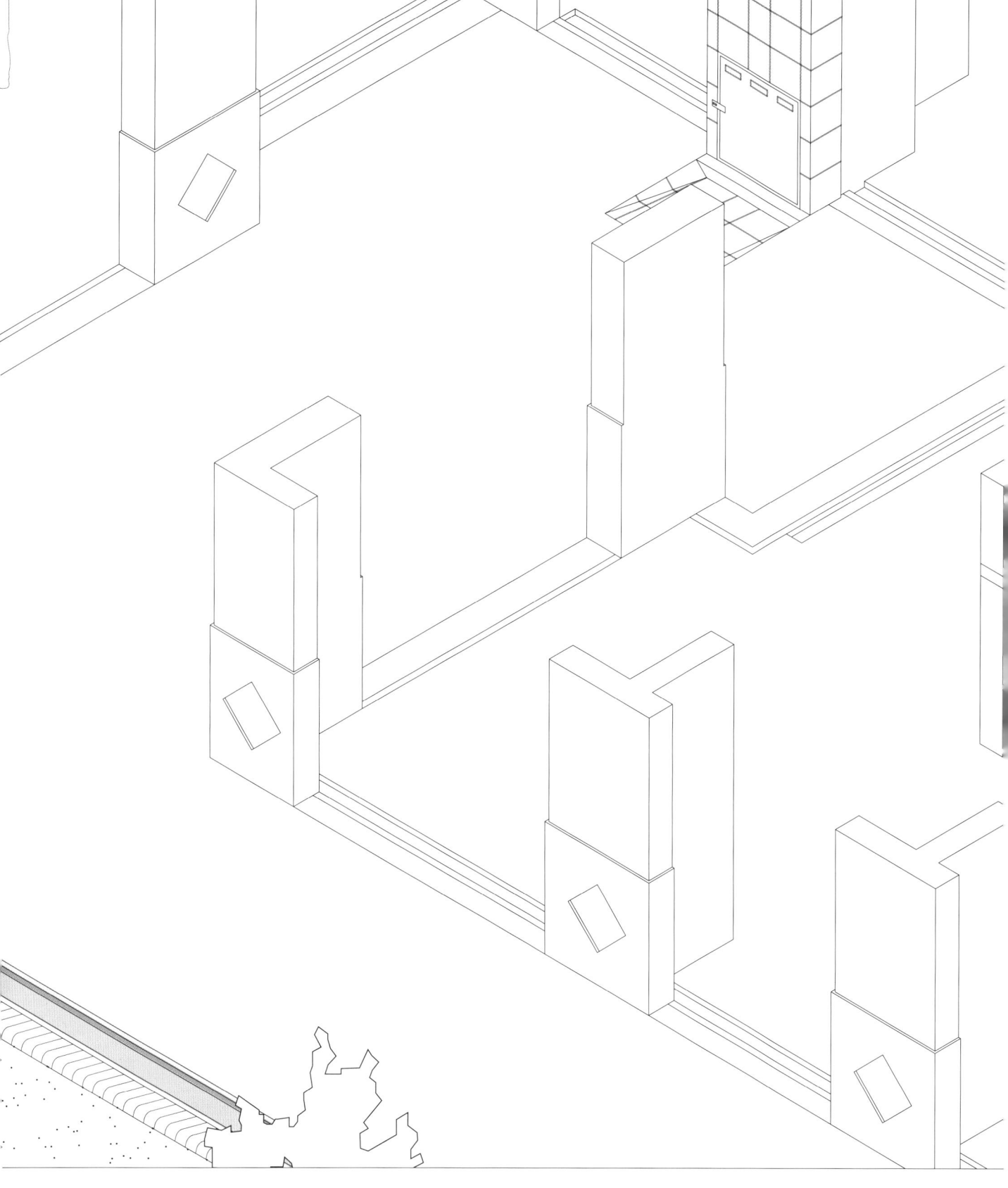

덤불 Bushes

관찰
보고는 싶지만 보이고 싶지 않을 때, 덤불은 몸을 숨긴 채 주변을 살피기에 안성맞춤인 장소다. 하지만 관찰력이 뛰어난 인간도 있기 마련이라 고양이의 은신술이 통하지 않을 때도 있다.

가시성
이 동네에는 덤불이 많지 않고, 프렌드를 제외하면 잔디밭에 들어가는 고양이도 드물다. 사실 거의 모든 고양이가 잔디밭을 피하는데, 굳이 간다면 배가 아플 때뿐이다. 긴급한 상황에서는 인간의 눈길을 피할 수 있는 덤불이 제법 괜찮은 은신처가 되어준다.

재질
고양이는 덤불 속에 숨어서 나뭇잎과 잔가지에 몸을 비비거나 그것들을 물어뜯는다.

늘어선 자전거 Parked bicycles

관찰
보이드 데크에는 자전거를 일상 교통 수단으로 이용하는 주민들을 위한 자전거 주차장이 있다. 만차가 되면 단단한 금속 프레임들로 빽빽해지는데 그 사이에서 고양이들은 평온하게 쉴 수 있다.

가시성
늘어선 자전거들의 둥근 바퀴와 가느다란 철제 프레임은 무성한 덤불 같다. 고양이들이 몸을 숨기기에 제격이다. 특히 주차장의 조도가 낮아지는 밤에는 고양이 찾기가 숨은그림찾기만큼 어렵다.

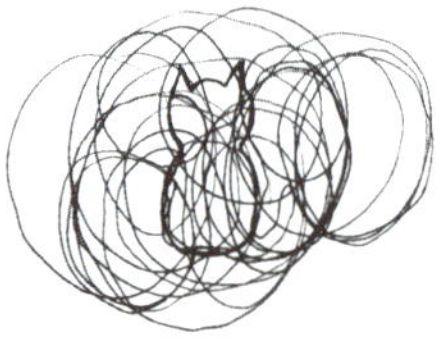

울타리
주차된 자전거는 자연스럽게 울타리 역할을 한다. 고양이는 바퀴 근처에 자리 잡고 바람과 햇살을 만끽하며 쉴 수 있다. 벽에 기대어 쉴 때보다 바람이 잘 통해서 상쾌하다. 유일한 문제라면, 자전거 주인이 오는 순간 평화로움이 깨진다는 것이다.

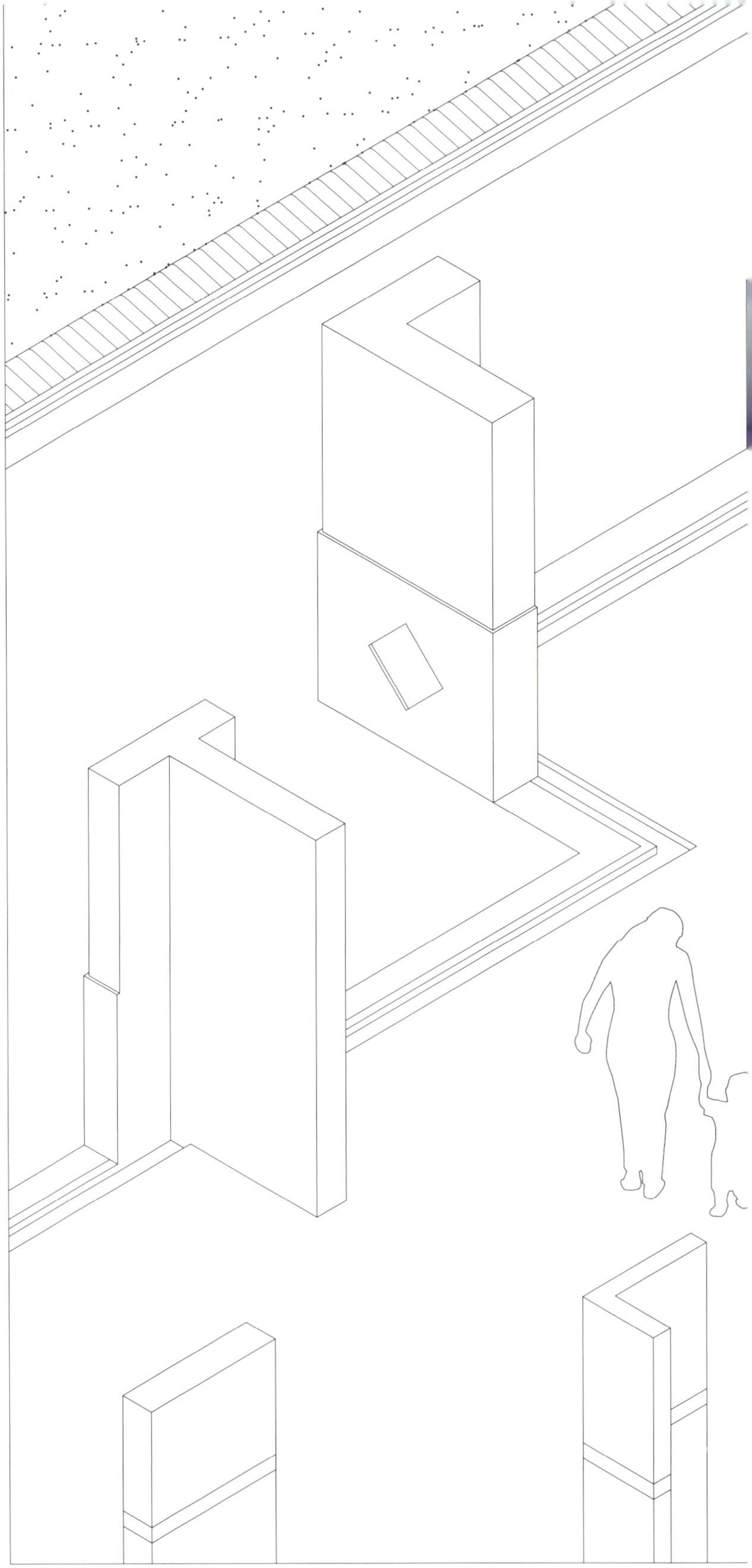

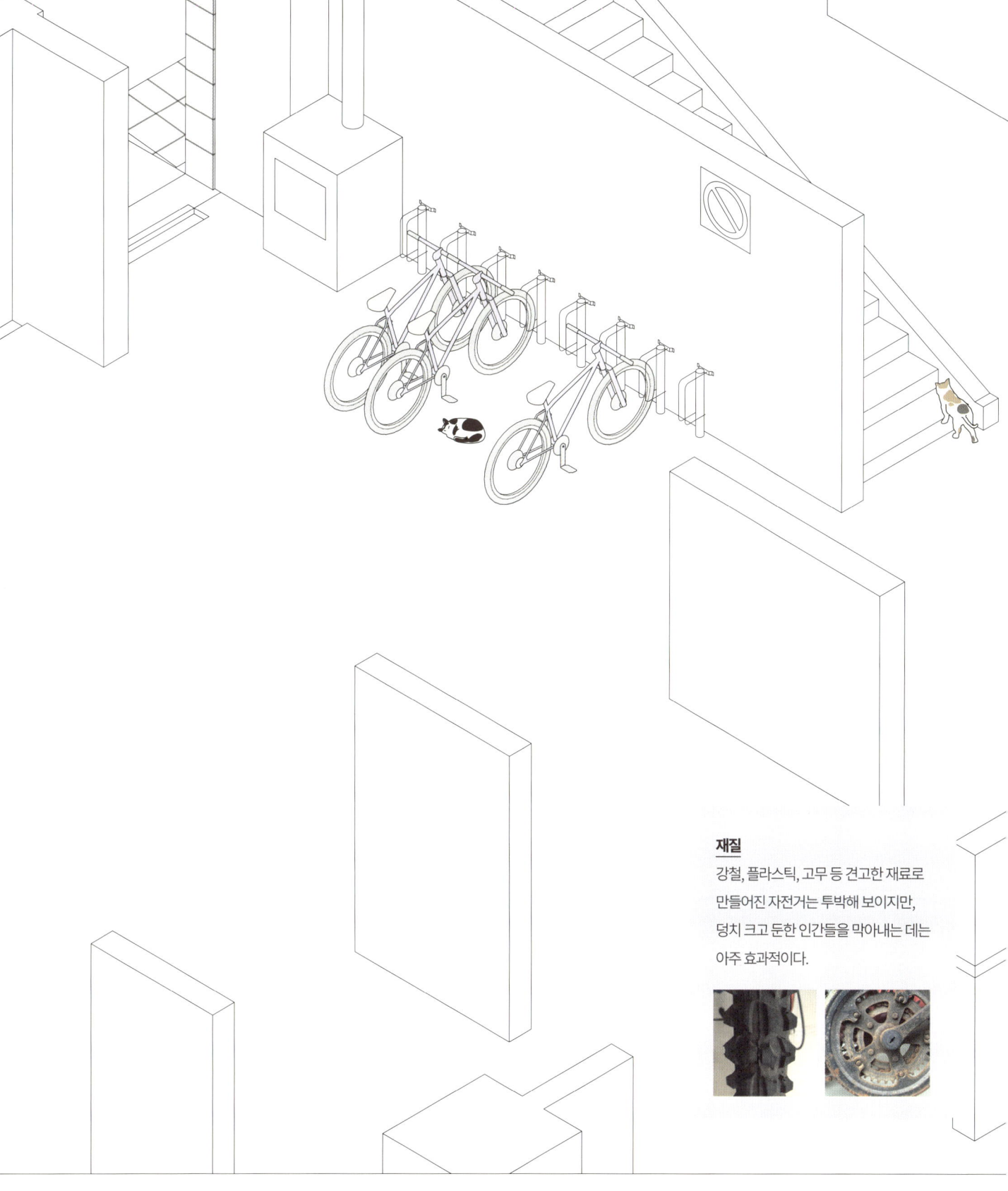

재질

강철, 플라스틱, 고무 등 견고한 재료로 만들어진 자전거는 투박해 보이지만, 덩치 크고 둔한 인간들을 막아내는 데는 아주 효과적이다.

그림자 Shadows

관찰
날이 어두워지고 보이드 데크에 조명이 켜지면 기둥과 구조물 사이로 그림자가 드리운다. 고양이들은 밝은 곳에서 빠져나와 본능적으로 그림자 속에 몸을 숨긴다. 반면 인간들은 어두운 길을 피해 다닌다.

위장술
우리는 털빛이 밝은 고양이들은 그림자 속에 숨지 않는다는 사실을 발견했다. 숨어 봤자 소용 없다는 것을 아는 모양이다.

그림자
콘크리트 바닥은 그림자가 드리워도 낮에 머금은 열기로 따뜻하다. 고양이들은 온기가 남아 있는 어두운 바닥에 자연스럽게 스며든다.

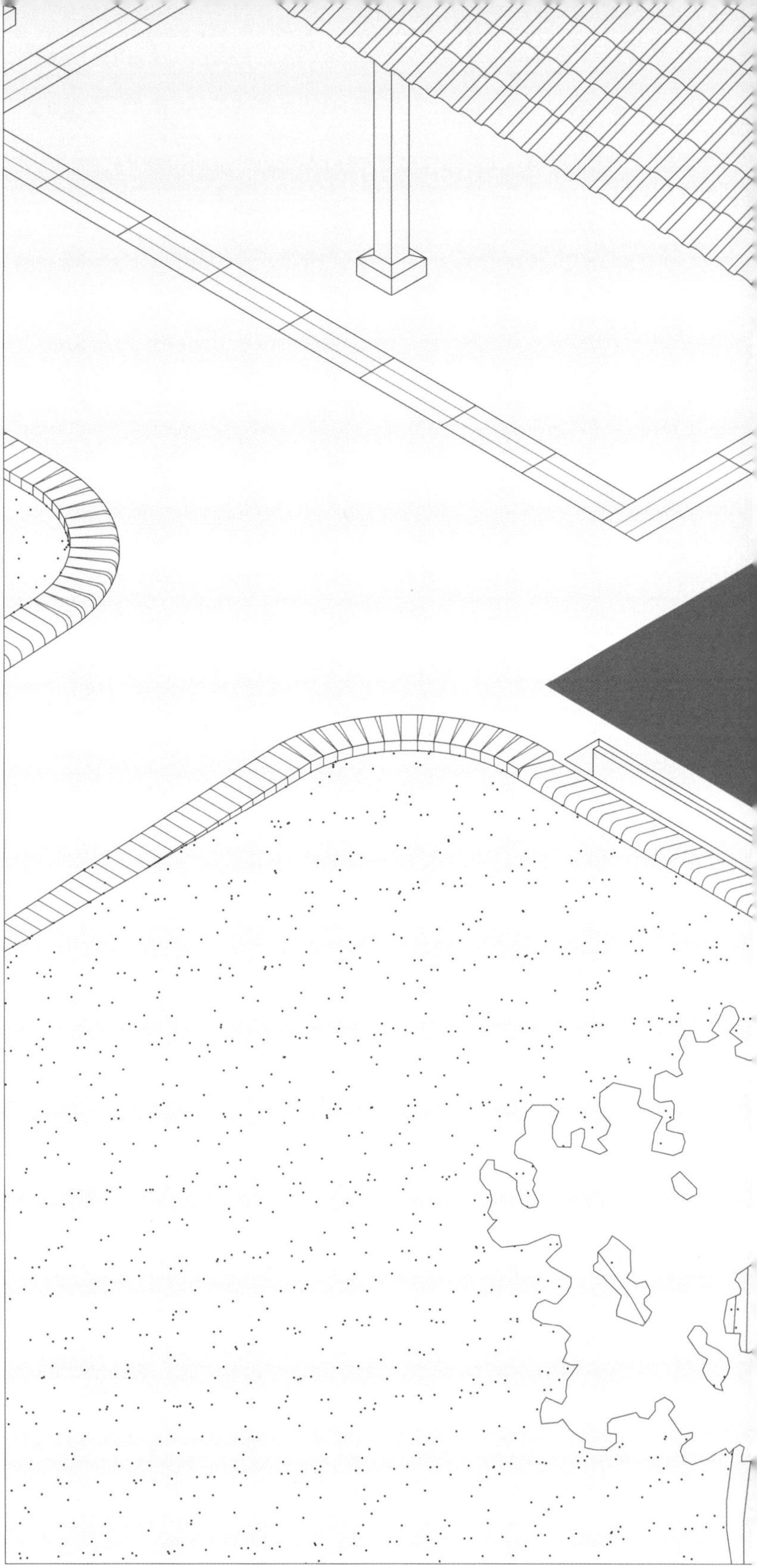

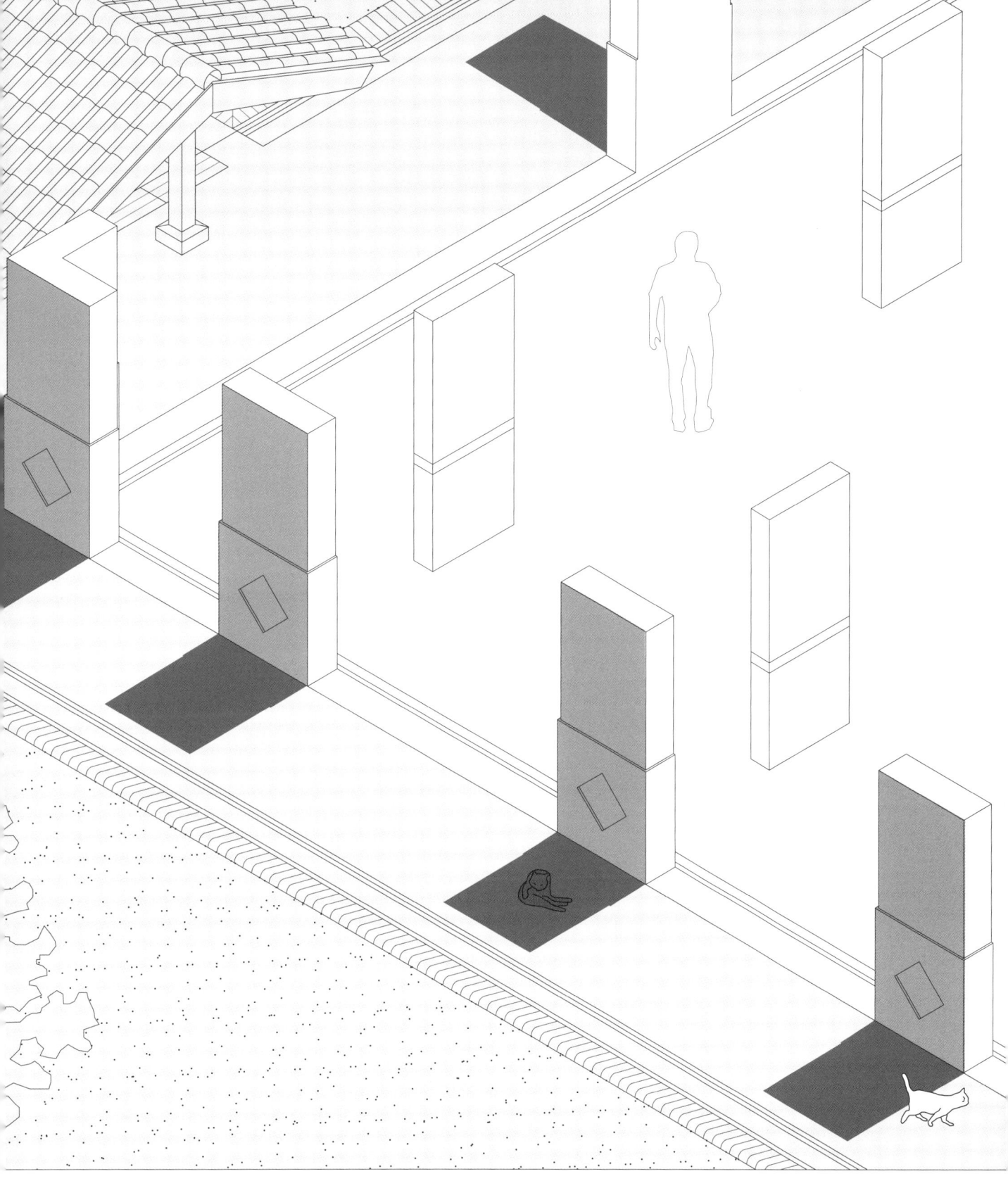

자동차 지붕 On the car roof

관찰
주차장이 가득 찼다. 퇴근한 주민들이 집에서 쉬는 동안, 자동차들은 적어도 여덟 시간은 이곳에 머무를 것이다. 따뜻하고 고요한 밤이면 고양이들은 자동차 지붕에서 시간을 보낸다. 지면에서 적당히 떨어진 높이라 비교적 안전하고 무엇보다 시원하다!

고지대
자동차 위에서 쉬는 고양이는 언뜻 무방비해 보인다. 하지만 인적이 드문 늦은 시간에 자동차 지붕은 전망대나 다름없어서 밤을 보내기에는 제법 좋은 장소다.

진동
자동차 위로 다른 고양이가 올라오면 살짝 흔들린다. 잠든 고양이에게 미세한 진동은 적이 침입했음을 알리는 신호다.

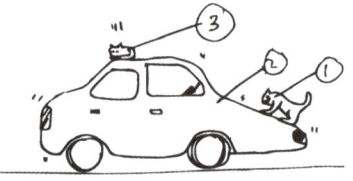

① 잠 못 이루는 고양이는 곤히 잠든 고양이를 괜히 할퀴고 싶다.
② 고양이가 보닛 위로 뛰어오르자 차가 살짝 흔들린다.
③ 잠자던 고양이는 진동을 감지하자마자 달아나고, 불면증에 걸린 고양이만 말똥말똥 깨어 있다.

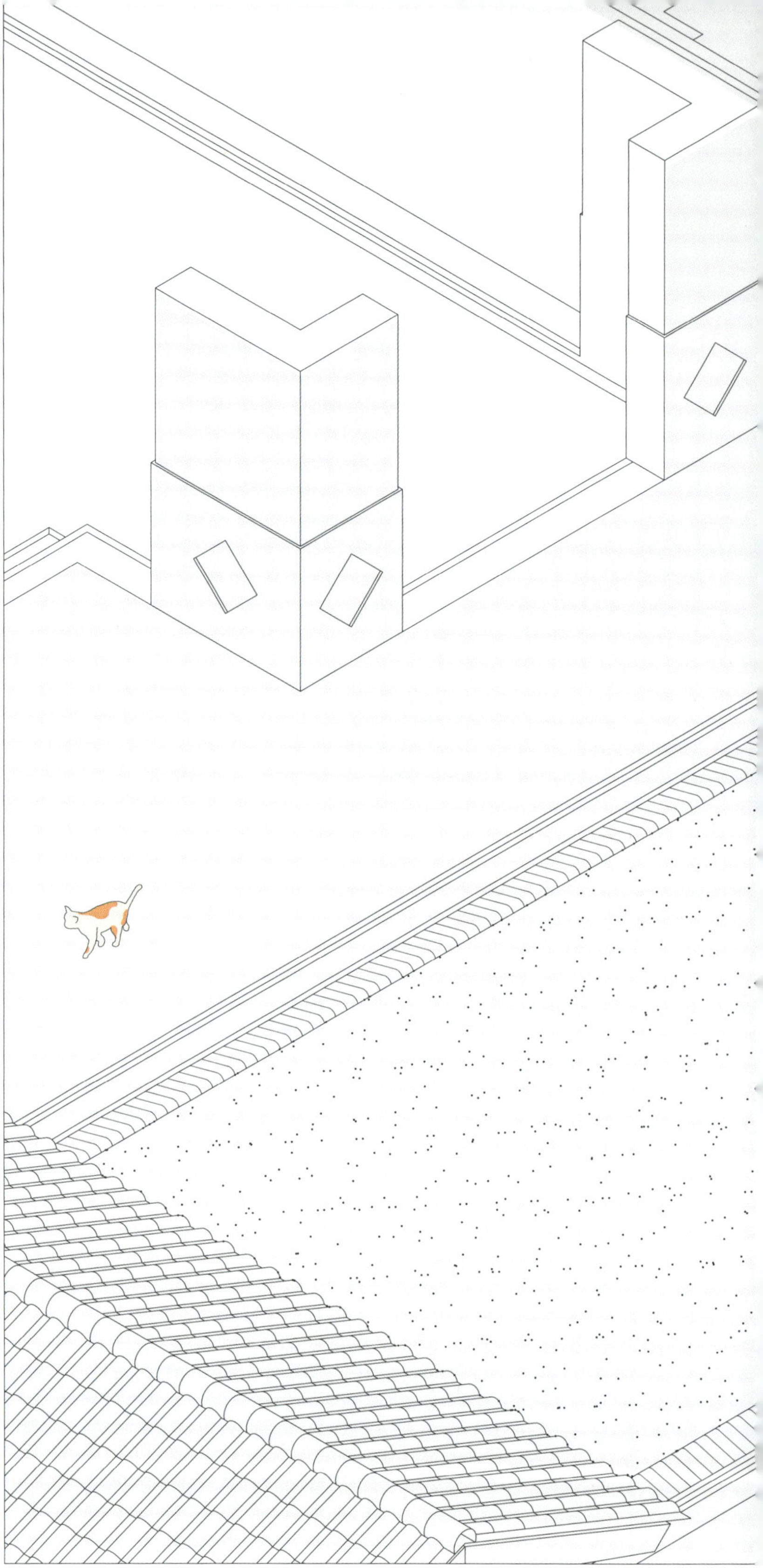

재질
낮에 뜨겁게 달궈진 자동차 표면은 해가 지면 고양이가 드러누울 수 있을 만큼 빠르게 식는다.

고양이처럼 살기

우리가 고양이를 볼 때 고양이도 우리를 본다. 그 시선을 따라 우리가 거주하는 공간을 돌아본다. 집이라는 네모난 상자 안에서 매일 반복하는 의식과 리듬에 대해 생각한다. 거주란 무엇일까? 거주지는 단순히 실용적이고 기능적인 편의를 제공하는 장소 이상의 의미를 가질 수 있을까? 가구 카탈로그나 라이프스타일 잡지에서 내세우는 '표준' 대신, 오롯이 우리의 감각을 따른 공간에 살 수 있을까? 고양이가 살아가는 방식에서 배운 지혜를 발판 삼아 거주를 새롭게 탐구하는 여정을 시작해본다.

L자형 기둥 집 Pillar L house

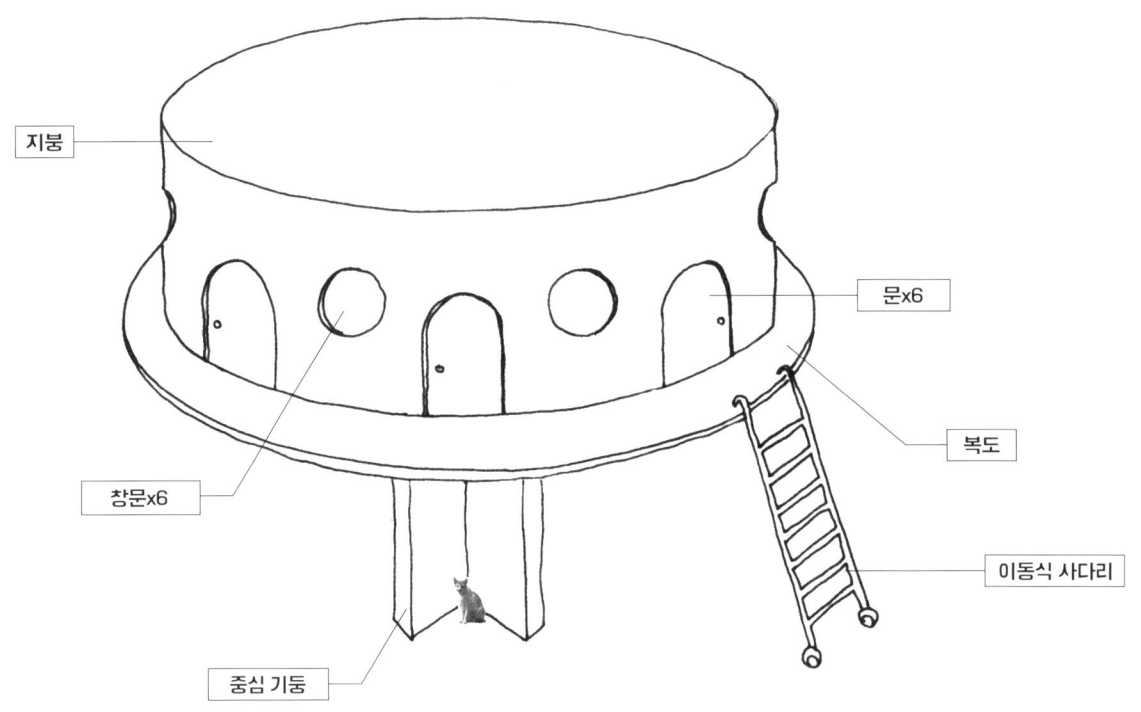

지붕
문x6
복도
이동식 사다리
창문x6
중심 기둥

기둥이 만드는 공간

고양이들이 보이드 데크의 기둥 주변에서 쉬는 모습을 관찰하며 L자형 기둥 집을 설계했다. 이 집에서는 거주자가 직접 공간을 구성할 수 있다. 거주자는 중앙의 L자형 기둥을 중심으로 '내부'와 '외부'를 구분해야 한다. 오늘날 조립식 아파트에서 벽으로 구획된 방들과는 확연히 다르다.

방향

원통형의 벽을 따라 문과 창문이 여섯 개씩 번갈아 배치되어 있다. 매번 다른 방식으로 드나들 수 있다.

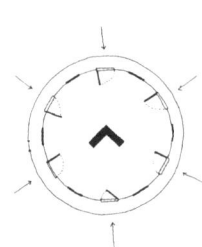

배치

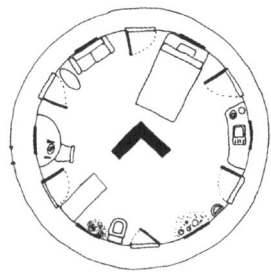 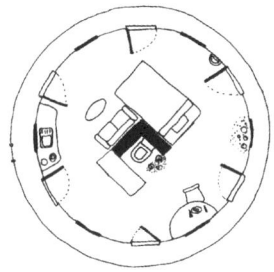 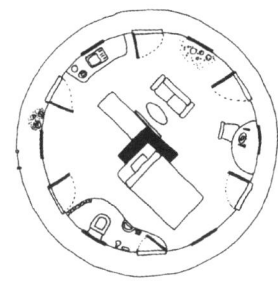

벽면 활용
L자형 기둥을 중심으로 중앙 공간은 비워둔 채 모든 가구와 물건을 벽면에 붙인다.

중앙 집중
거의 모든 가구를 L자형 기둥에 맞닿도록 배치한다. 기둥의 안쪽 모서리 공간은 화장실로 사용한다.

개인 공간 / 열린 공간
뚜렷한 경계 없이 개인 공간과 열린 공간이 자연스럽게 어우러지도록 배치한다.
(아래 입체 평면도 참고)

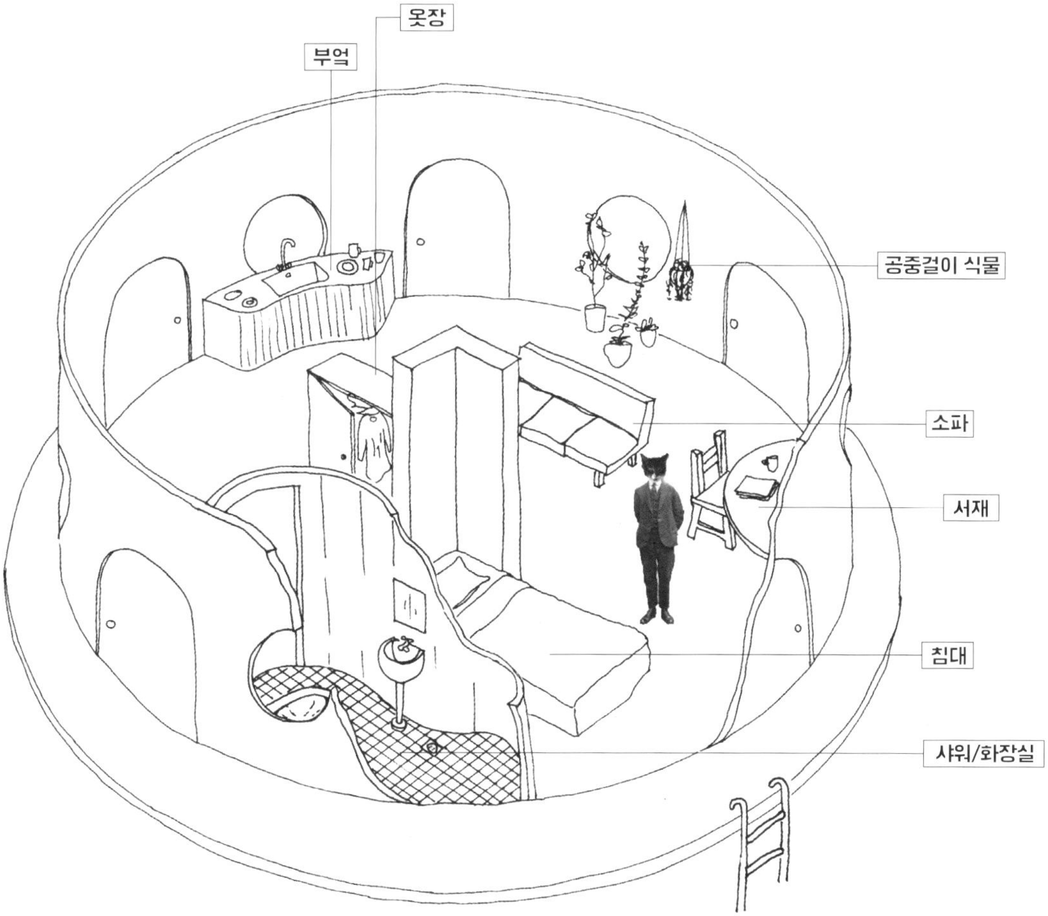

- 부엌
- 옷장
- 공중걸이 식물
- 소파
- 서재
- 침대
- 샤워/화장실

바람의 집 Wind house

덥고 바람 부는 오후에

멀리서는 바람의 방향을 관측하는 풍향계처럼 보인다. 완전히 틀린 말은 아니다. 바람의 집은 바람의 방향을 따라 움직이며 실내로 공기를 유입하도록 설계되었기 때문이다. 여름 낮잠을 즐기기에는 제격이지만 밤새 자다가는 감기에 걸릴 수 있으니 조심하자. 바람에 날아가기 쉬운 종이를 다루는 일은 피하는 편이 좋다.

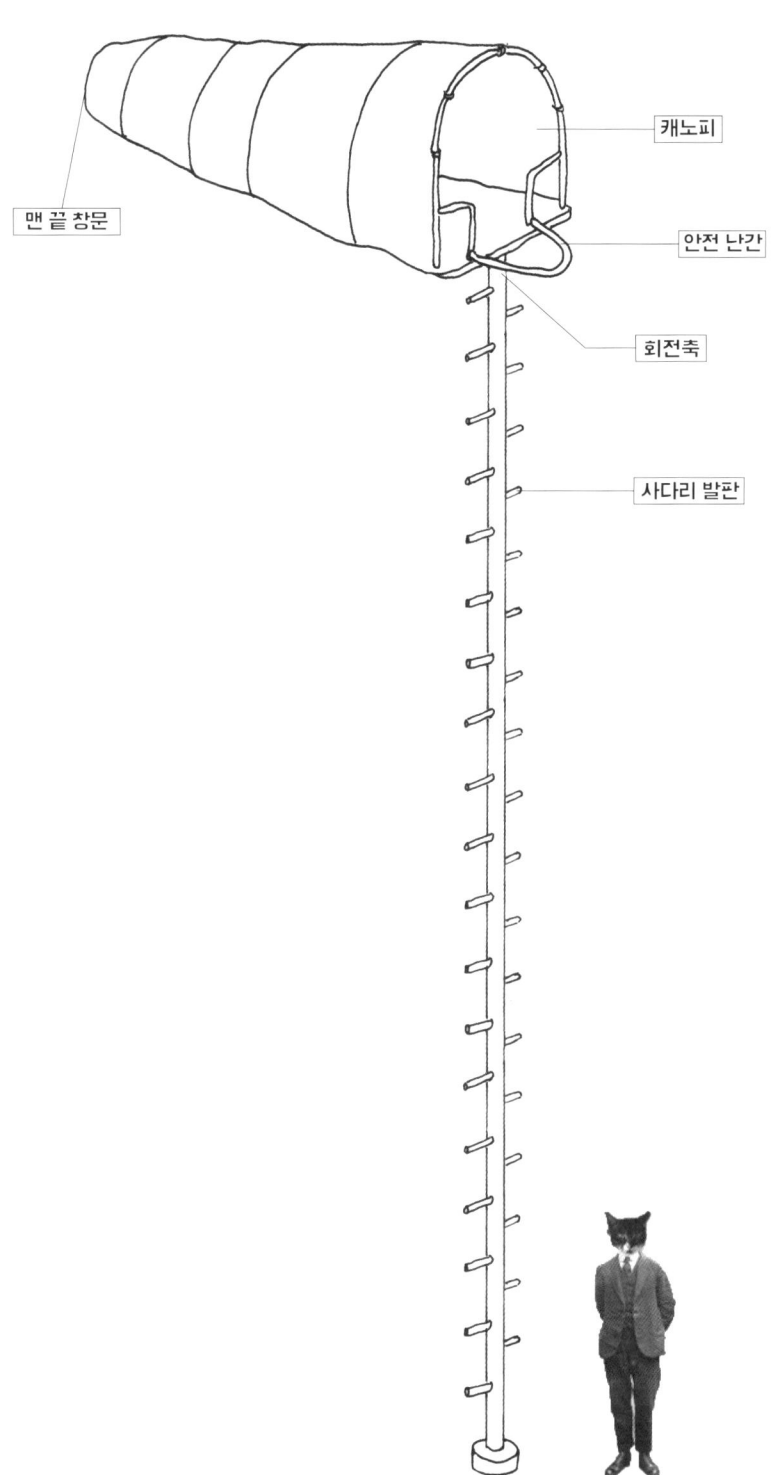

바람이 만드는 집

바람이 없거나 약한 날에는
축 늘어져서 거주할 수 없다.

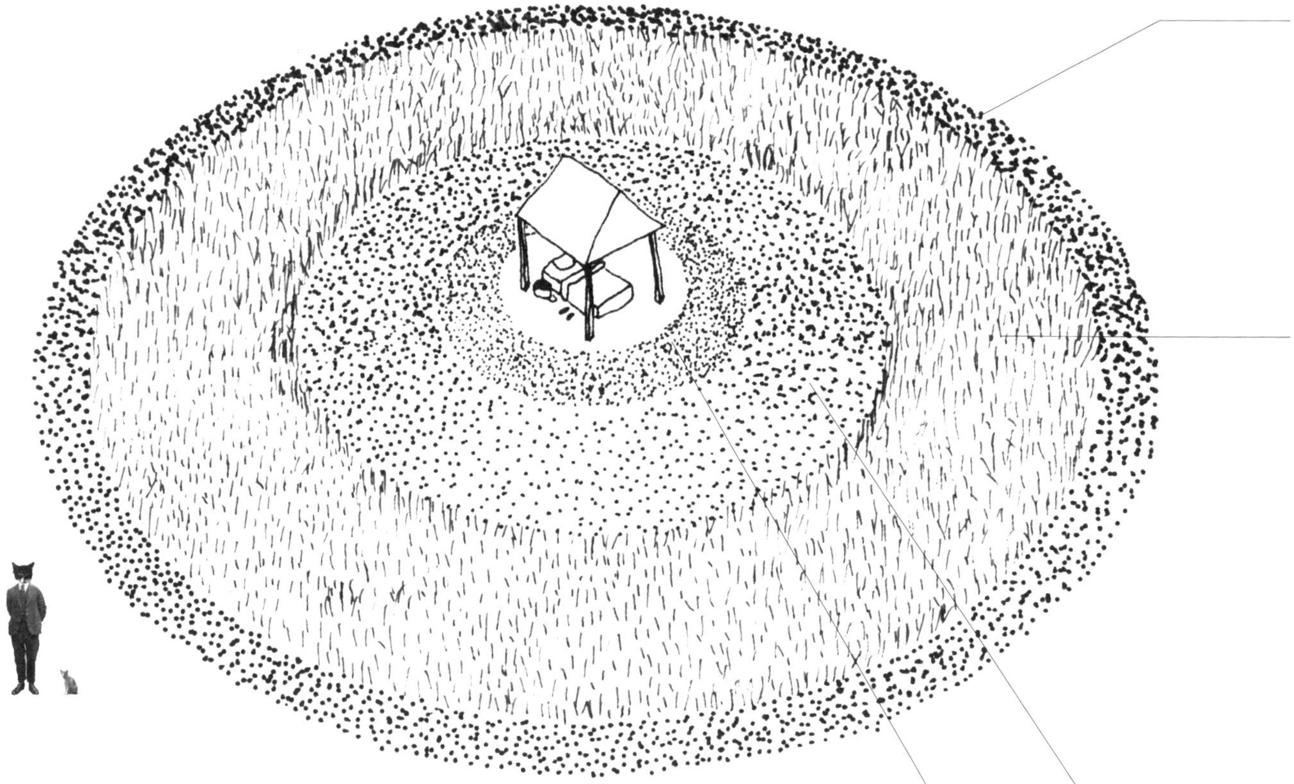

소리 울타리 Auditory fence

소리로 방어하기

마른 나뭇잎과 잔가지로 만든 침대에서 쉬던 프렌드의 기발한 발상을 떠올려보자. 그 침대는 조금만 힘을 가해도 요란한 소리를 냈다. 같은 원리로 커다란 소리 울타리를 설계했다. 이 울타리 안에 사는 사람은 청각을 예민하게 단련해야 한다. 바닥에 깔린 입자들이 내는 다양한 '경고음'을 기민하게 감지하는 것에 생사가 달렸으니 말이다.

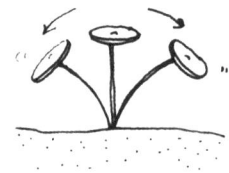

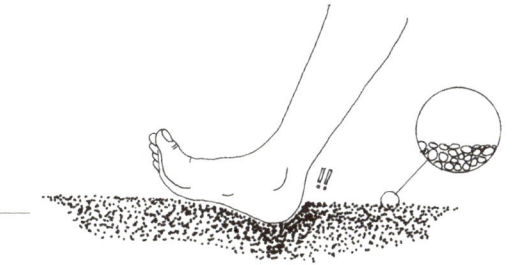 

철퍼덕
표면이 거친 작은 알갱이들을 밟으면 철퍼덕 소리가 난다.

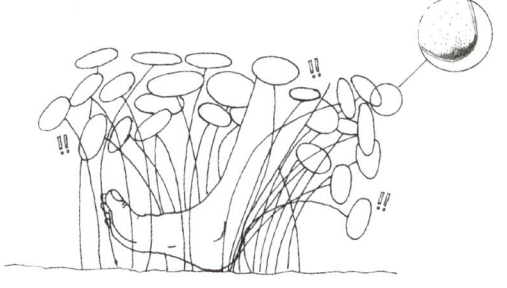 

달그락
압력이 가해지면 화반 안에 있는 구슬들이 이리저리 튕기면서 달그락달그락 소리를 낸다. 마라카스❖를 흔드는 소리와 비슷하다.

❖ 마라카스: 마라카 열매의 속을 파내고 그 안에 말린 씨를 넣은 다음 손으로 잡고 흔들어서 소리를 내는 라틴 아메리카의 리듬 악기.

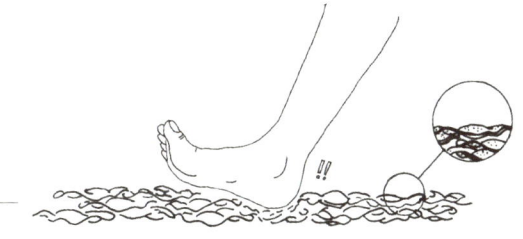 

우지끈
울퉁불퉁하고 부서지기 쉬운 껍질층을 밟으면 우지끈 갈라지는 소리가 난다. 휘어진 감자칩과 비슷한 모양이다.

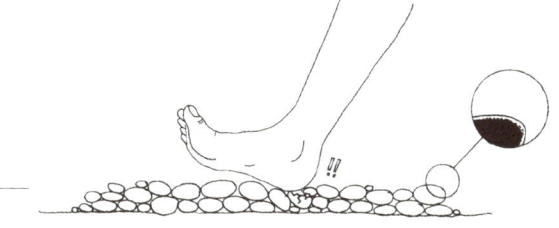

펑
속이 빈 둥근 껍질로, 밟으면 펑 소리를 내며 터진다. 새와 고양이 같은 작은 생명체의 무게는 견딜 수 있다.

감시의 집 View house

경계심 많은 거주자

고양이가 여러 방향을 동시에 살피기 유리한 곳에 자리를 잡듯, 좁은 시야각❖을 가진 인간이 주변을 넓은 시야로 볼 수 있도록 설계했다. 감시의 집은 주변을 배회하는 모든 생명체를 포착하는 눈들로 이루어져 있다. 작은 움직임도 놓치지 않고 재빠르게 대응할 수 있다.

❖ 인간의 시야각은 180도, 고양이의 시야각은 200도로 인간은 고양이보다 시야가 좁다.

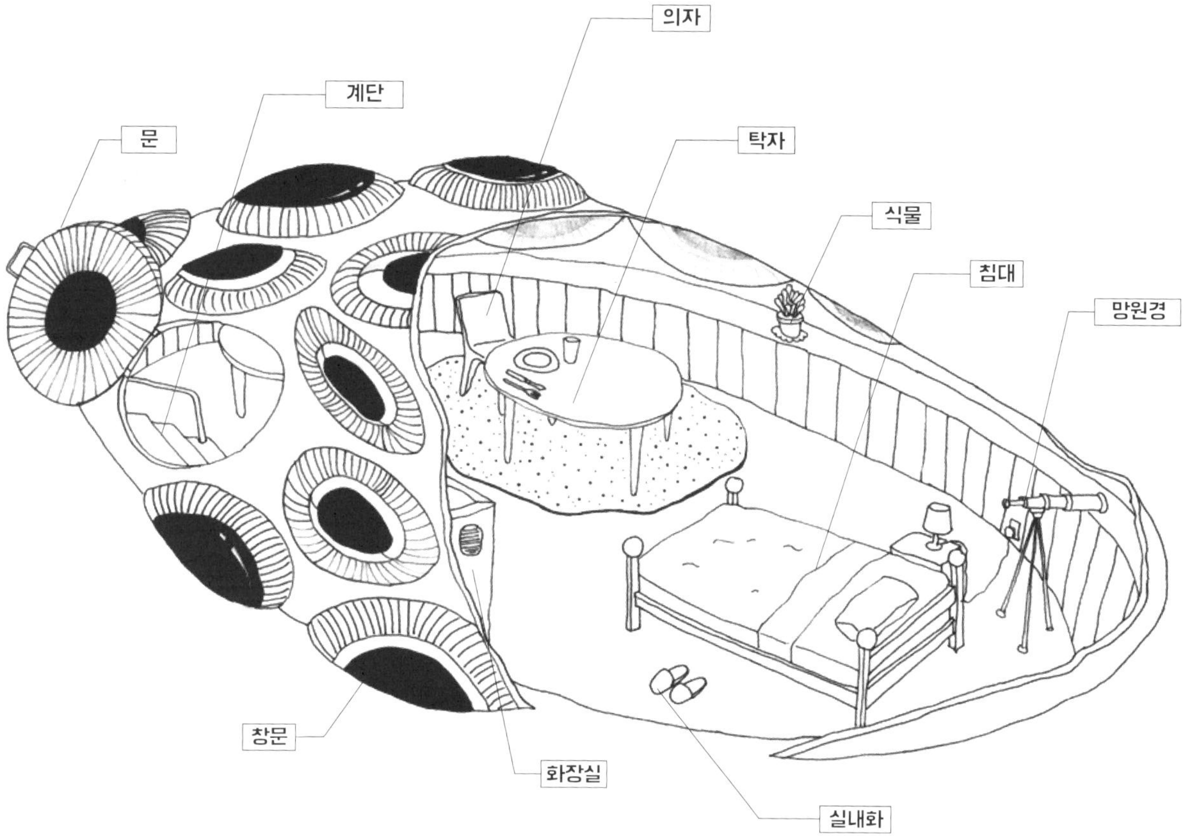

[그림 라벨: 문, 계단, 의자, 탁자, 식물, 침대, 망원경, 창문, 화장실, 실내화]

내부

구덩이를 파서 지은 감시의 집에서는 돔형 천장의 창문을 통해 바깥 풍경을 한눈에 볼 수 있다. 내부에는 일반 가정집에서 볼 수 있는 기본 시설이나 생필품이 갖춰져 있다. 더 먼 곳을 볼 수 있는 망원경도 마련해 두었다.

집 안에서 감시하기

감시의 집에서는 어떠한 공격도 미리 감지할 수 있다. 거주자는 다가오는 적의 동태를 살피며 효과적인 반격을 준비할 수 있다.

냄새의 집 Olfactory border

냄새로 경계 긋기

냄새의 집은 고양이가 자신의 체취로 보이지 않는 경계를 표시하는 방식에서 영감을 받아 설계했다. 인간이 발산하는 고약한 냄새가 여기저기로 퍼지면서 흔적을 남긴다. 무단 침입자는 위협적인 냄새를 맡는 순간 뒤돌아 달아날 것이다. 우리가 낯선 지역에서 위험을 직감했을 때 보이는 반응처럼 말이다.

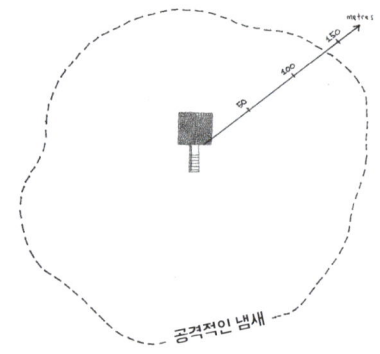

환기 장치

1층은 '공격적인 냄새'를 생성하도록 설계된 공간이다. 거주자가 고기를 손질하거나, 무술을 연마하거나, 샌드백을 힘껏 때리는 등 격렬한 활동을 할 때마다 냄새가 만들어진다. 이렇게 생성된 냄새는 환기 루버 louver를 통해 바깥으로 흘러나와 바람을 타고 멀리까지 퍼져나간다.

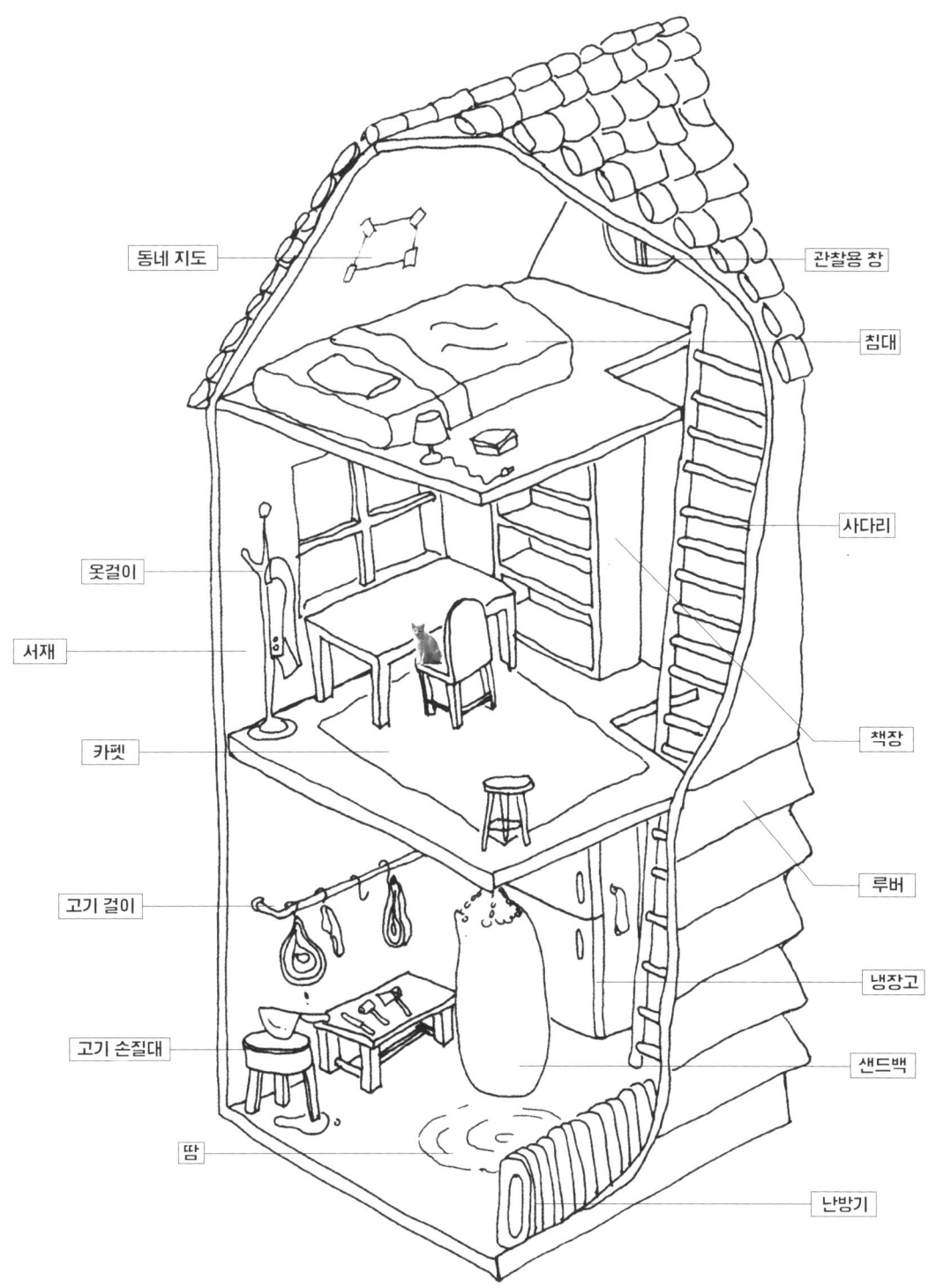

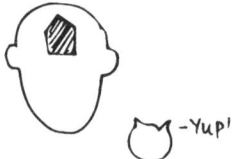

에필로그

고양이는 어디에 살고 있을까. 질문의 답을 찾기 위해 우리는 인간의 주거에 관한 기존의 지식과 고정관념을 모두 내려놓았다. 대신 고양이의 행동을 면밀히 관찰하며 그들이 본능적이고 직관적으로 터득한 거주 방식을 겸허하게 배우고자 했다. 고양이는 주변 환경을 꼼꼼하게 탐색하며 공간에 대한 개념을 구축해 나간다. 인간이 만든 구조물을 '집'으로 삼고, 주변의 리듬에 맞춰 자신의 움직임과 생활 습관을 조율한다. 그렇게 물리적인 벽을 세우지 않고도 도시 공간에서 자기 영역을 형성하고 살아가는 것이다. 고양이를 관찰하면서 우리는 거주에 대한 새로운 가능성을 발견했다. 고양이들의 방식을 따라가며 오히려 인간의 삶을 돌아보게 되었다. 이 새로운 지식과 이해를 바탕으로 우리가 살아가는 공간에 더 깊은 관심을 기울여보자.

부록

싱가포르의 여러 동네에서 관찰한 보이드 데크와 고양이에
관한 통계 지도, 스케치, 드로잉, 현장 기록, 문서, 사진 들….

사이트 지도 (2010)

TIME	시간
WEATHER	날씨
CATS	고양이
INTRUDERS	침입자
NOTES	메모

- 🟡 빛
- 🟢 고양이 이동/쉼
- 🟠 인간 이동
- ⚫ 더러움/젖음
- 🔵 급식소
- 🔴 위협/침입자
- ⚫

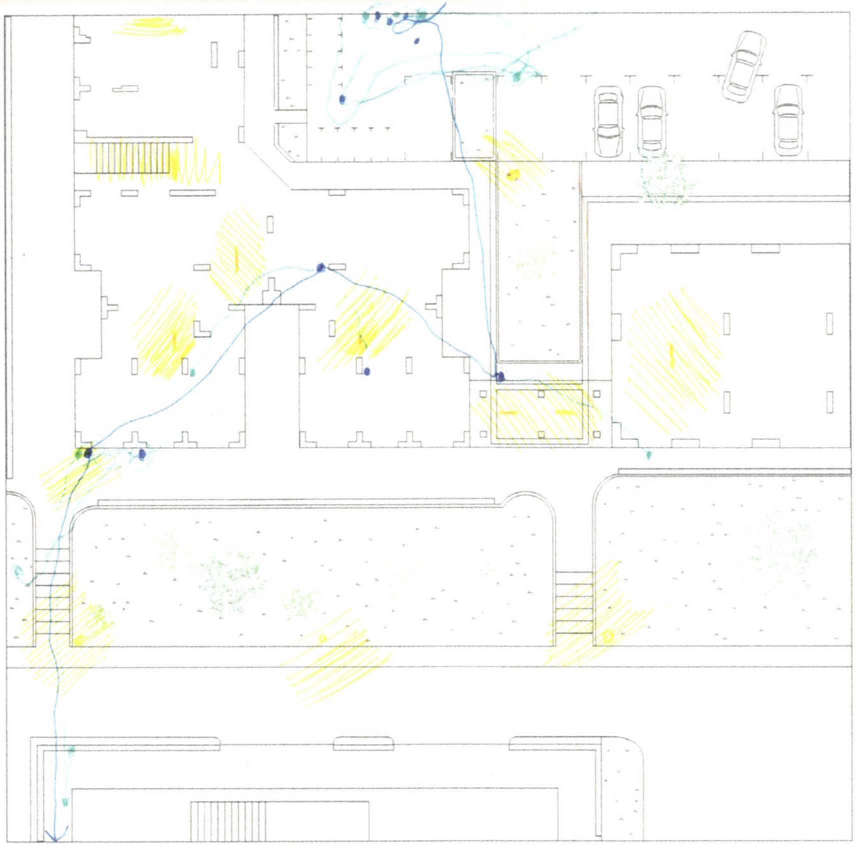

TIME: 4am – 6am Thursday 23-12-10

WEATHER: Cool, Fine, Moonlight

CATS: GoMA, Tabby, Friend, HuaMao, Sister, Unknown, Panda

INTRUDERS:

NOTES: FEEDING AT 4.20 am

- LIGHT
- CAT MOVEMENT / REST
- HUMAN TRAFFIC
- DIRTY / WET
- FEEDING AREAS
- THREATS / INTRUDERS
- ____________

04:00 ~ 06:00

TIME: 6 am – 8 am Wednesday 14/12/10 27°c – 28°c

WEATHER: Cool, gentle breeze, warm under the sun

CATS: TABBY, GOMA, FRIEND, SISTER | HUAMAO

INTRUDERS:

NOTES: Dawn 6.18 am
Tabby left area at 7.14 am
direct light shining through ± 7.30 am

- LIGHT
- CAT MOVEMENT / REST
- HUMAN TRAFFIC
- DIRTY / WET rubbish / water puddles (air conditioner) from the night
- FEEDING AREAS (leftovers from last night)
- THREATS / INTRUDERS
- ____________

06:00 ~ 08:00

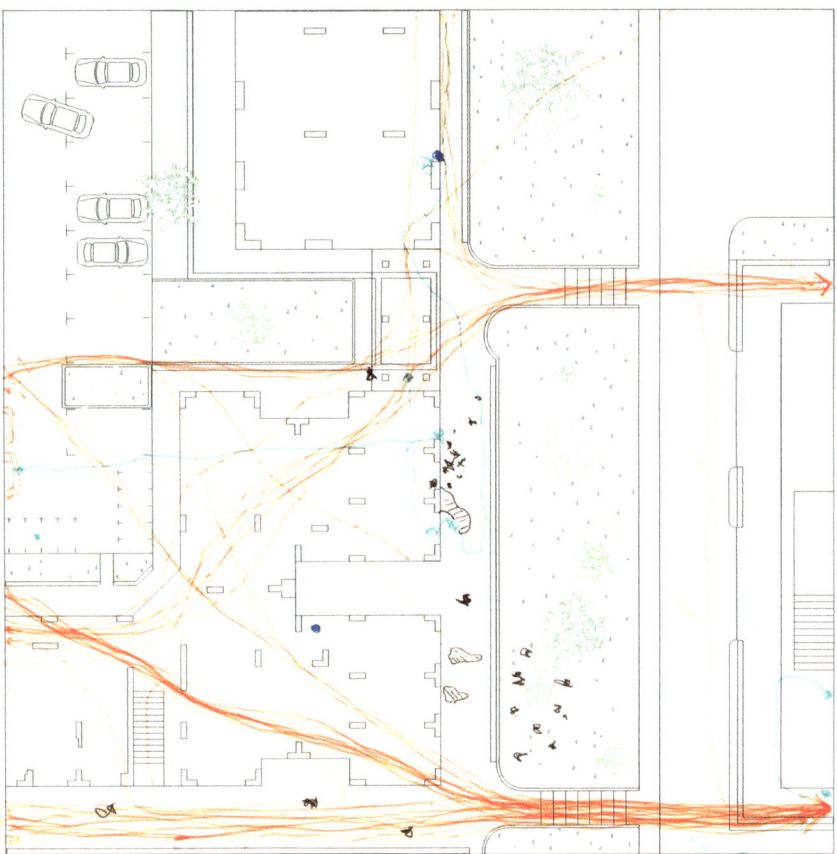

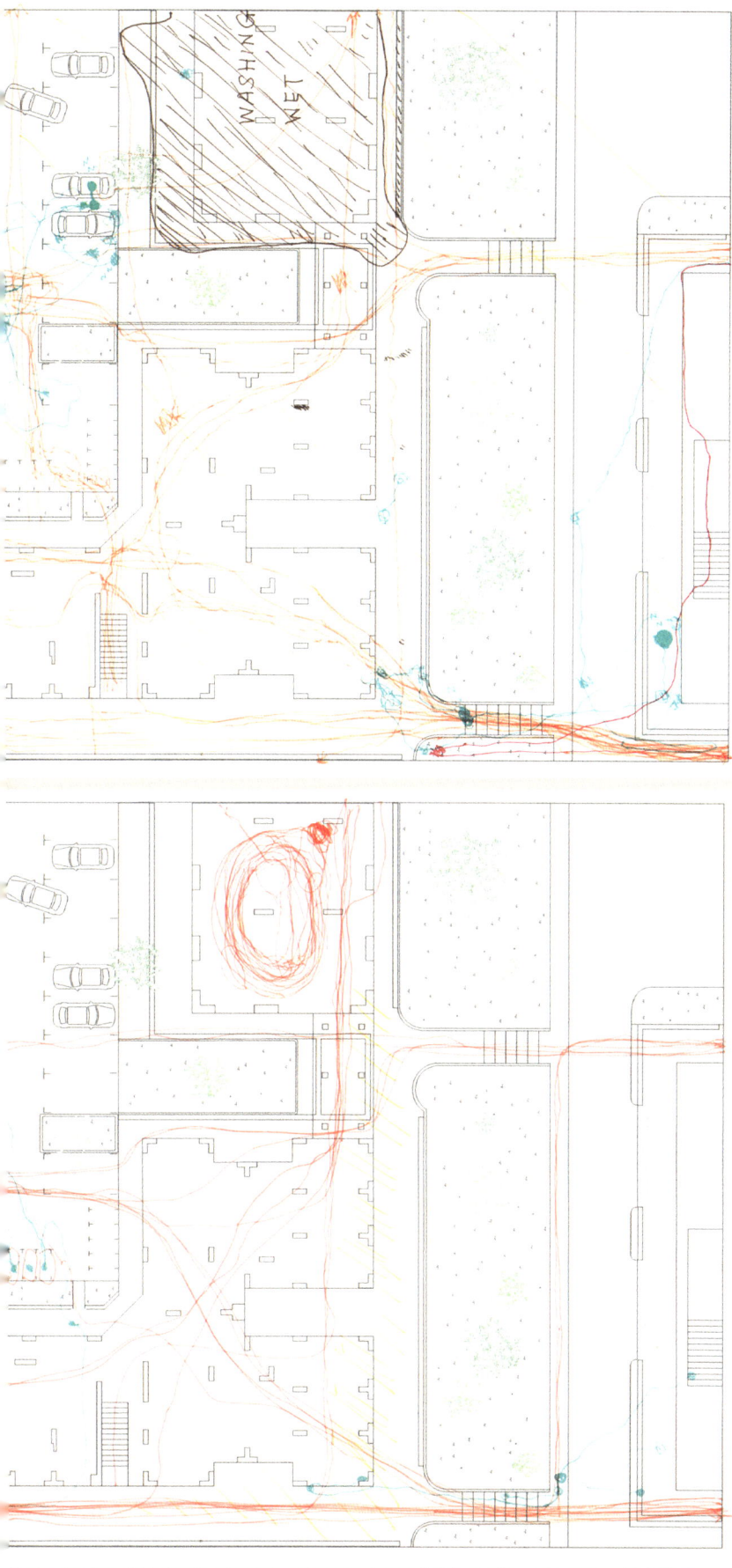

가방을 점거한 고마와 프렌드

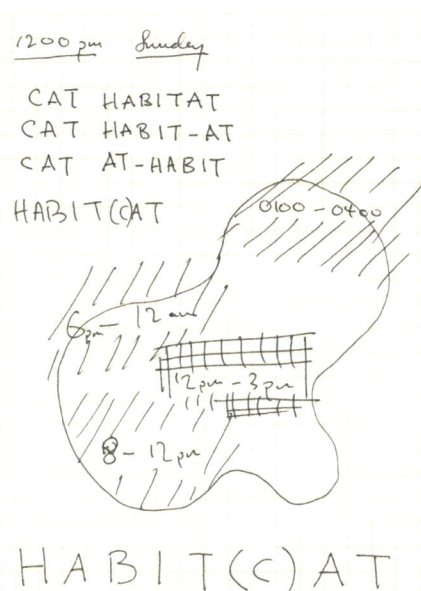
제목 짓는 중❖
❖ 이 책의 원제는 'HABIT©AT'이다.

고양이 밥은 고양이도 먹고 새도 먹고

늘 한자리에 머무는 고마

고양이와 자동차

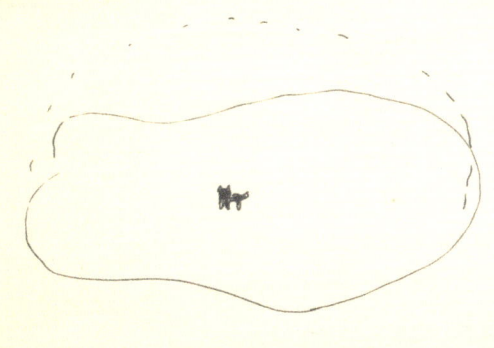
눈에 보이지 않는 고양이의 영역

세상 모르고 잠든 고마

잠에 취한 고양이

A Cat's life	고양이의 삶
waiting	기다리기
yawning	하품하기
scratching	긁기
sniffing around	이곳저곳 냄새 맡기
feeding	먹기
foraging	탐색하기
hiding	숨기
stretching	기지개 펴기
prowling	골골송 부르기
pursueing (rarely)	쫓기 (드문 일이다)
guarding	경계하기
looking for nice spot	좋은 자리 찾기
looking for cool spot	시원한 자리 찾기
resting against a vertical surface	벽에 기대어 쉬기
suspecting	의심하기
habits	습관대로 살기
timing	적당한 때를 살피기
cyclical	규칙적으로 살기

고양이를 위한 음수대

고요한 한때를 보내는 시스터

큰 고양이 vs 작은 고양이
대결이다!

고양이 대격돌

작업 중

고양이 '판다'

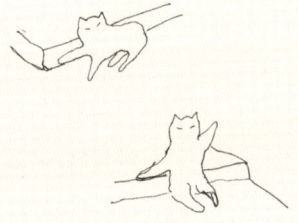

도로경계석에 기대어 쉬는 고양이

자동차 위를 거니는 고양이의 동선

시스터와 그의 형제 '핸섬'

낮은 턱 위에 다리를 올리고 스트레칭 중

자동차 아래에서 주변을 살피는 반짝이는 눈들

아침 햇살

보이드 데크에서 휴식 중인 새들

그늘에서 뒹굴뒹굴

아침 8시 55분
시스터가 일어났다!
햇살이 그의 햇살 기둥으로 다가오고 있다!

그는 여기서　　　자리를 옮긴다　　　여기로

이 자리에는 햇살이 닿지 않는다

지금은 기다리는 중…

습관의 동물!!!

기댈 곳은 기둥뿐

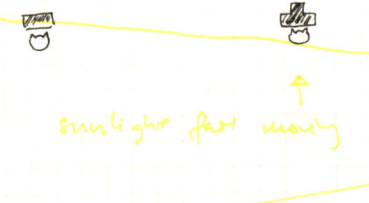

햇볕 쬐는 고양이 관찰 스케치

사이트 측량

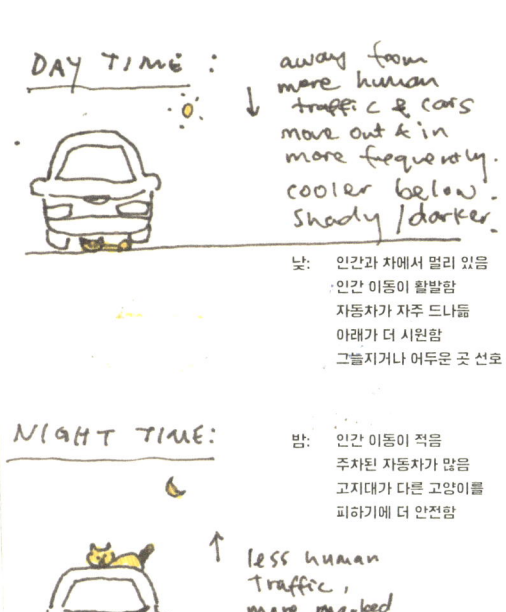
관찰 스케치

생각에 빠진 '투투'

고양이를 위한 밥과 물

메자닌 아래 공간

다른 동네 고양이들

고마의 자문을 받으며 현장 조사 중

햇살과 기둥과 그림자…

고양이와 고양이인가, 고양이와 그림자인가

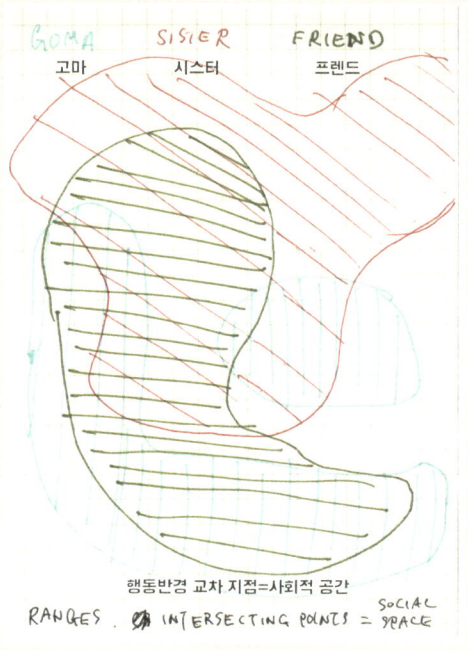

고양이 영역 연구

나를 보는 너를 보기

오늘 점심 뭐 먹지?

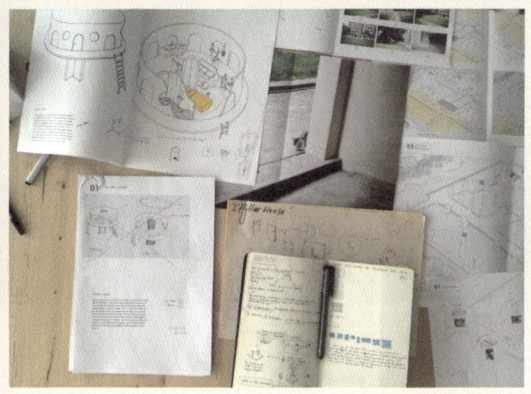

작업 중

작업실 풍경

프렌드의 오랜 친구

주차된 자전거 위에 자리 잡은 고양이

기둥에 기대어 쉬는 남자

프렌드의 새 친구

X

여기도 저기도 청바지

그루밍 하다가 잠듦

고양이 드로잉

벤치에서 식빵 굽고 있는 '보스턴'

'콜라'는 명상 중

고양이 세계를 그저 바라본다는 것
*tac!*이 atelier HOKO에게 묻다

아틀리에 호코를 소개합니다

안녕하세요. 아틀리에 호코를 소개해주세요.

HOKO 안녕하세요. 아틀리에 호코는 싱가포르를 기반으로 활동하는 탐구 프로젝트 그룹이에요. 앨빈 호Alvin Ho와 클라라 코Clara Koh, 우리 두 사람의 성을 따서 '호코HOKO'라는 이름을 붙였어요. 예술·디자인·인류학의 경계를 넘나들면서, 일상 속 경험과 인간·사물·공간 사이의 관계를 깊이 들여다보고 있어요.

우리의 대표 작업 중 하나인 『Science of the Secondary』는 일상에서 무심코 지나치기 쉬운 사소한 것들을 탐구하는 시리즈예요. 창문, 바나나, 쓰레기, 양말 같은 것들에 주목하죠. 사물과 인간이 때로는 조화롭게, 때로는 무심하게 공존하는 방식을 연구합니다.

아틀리에 호코의 작업들에는 건축이나 도시 계획에 관한 정보가 구체적으로 담겨 있어요. 학교에서 이 분야를 공부했나요?

HOKO 우리는 네덜란드의 디자인 학교 에인트호번Design Academy Eindhoven(이하 DAE)에서 콘텍스트 디자인을 공부했어요. 이곳에서 디자인과 디자인의 경계를 허물고 확장하는 법을 배웠죠. DAE에서는 학생들이 다양한 매체를 활용해서 분야를 넘나들며 아이디어를 실현할 수 있도록 가르쳐요. 우리가 책 만드는 일은 물론, 가구나 주얼리 디자인 등 다양한 작업을 하고 있는 것도 그런 교육의 영향이죠. 작업 범위가 넓다보니 종종 사람들이 "진짜 전공이 뭔가요?", "이것들 모두 전문적으로 다루나요?" 물어봐요.

우리에게 디자인이란 콘셉트와 맥락에 따라 작업을 풀어 가는 것이에요. 모든 것이 맥락에서 출발하고, 맥락 안에서 필요한 것을 발견하죠. 그러다 보니 여러 분야를 관통하며 작업하는 게 당연하고 자연스럽게 느껴져요. 맥락은 일종의 정보로서, 더 논리적이고 합리적인 결과를 향해 가도록 우리를 이끌어주죠.

우리는 건축가도 도시계획가도 아니지만, 이 분야에 관심이 많아서 관련 서적을 꾸준히 읽고 공부하고 있어요. 알게 모르게 작업에도 영향을 미쳤겠죠.

2002년에 학교를 졸업하자마자 아틀리에 호코를 설립했어요. 특별한 계기가 있었나요?

HOKO 졸업하기 직전에 친구나 가족에게 어떤 조언도 구하지 않고 거의 본능적으로 중대한 결정을 내렸어요. 대기업이나 디자인 회사에 들어가지 않겠다는 것이었죠. 우리는 정해진 길을 걷기보다는 학문에 깊이 몰두하는 사람이 지닌 탐구심과 자유로운 감각을 품은 채로 작업하고 싶었어요. 그래서 함께 무언가를 만들어보기로 했어요. 우리의 프로젝트를 시작하고, 그 프로젝트가 우리를 어디로 이끌어 갈지 지켜보기로 했죠.

아틀리에 호코를 시작한 지 벌써 23년이 지났어요. 오랫동안 지속할 수 있었던 동력은 무엇인가요?

HOKO 주제를 선정하고 연구를 시작하면, 고양이든 사과든 그 주제가 완전히 새롭게 보이더라고요. 그때마다 정말 설레고 즐거웠어요. 각각의 주제가 미지의 것으로 가득한 작은 우주가 되어 우리에게 예상치 못한 무언가를 마주하거나 경험할 기회를 주었죠.

기본으로 돌아가는 리서치 방법론

『고양이는 어디에 살고 있을까?』와 『Science of the Secondary』 시리즈를 보면, 다양한 질문을 던지고 리서치를 해나가는 것이 아틀리에 호코의 주된 예술 방법론 같아요. 리서치라는 방법을 택한 이유는 뭔가요?

HOKO 자신을 창작자라고 여기는 사람들은 무언가를 만드는 것, 즉 세상에 무언가를 내놓는 것을 창작의 동기로 삼아요. 이런 태도가 잘못된 건 아니지만 의구심이 들었어요. 특히 창작이 곧 작업물을 끊임없이 찍어내는 것이라고 생각하는 사람이 많은 것 같아요. 그 과정에서 충분히 고민하거나 섬세하게 접근하는 태도는 찾아보기 힘들죠. 이러한 흐름에 문제의식을 느꼈고 다시 탐구하는 자세로 돌아가고 싶었어요. 그래서 리서치re-search라는 방법을 택했죠. 무언가를 깊이 탐구하려면 속도를 늦추고, 숨 쉴 틈을 만들고, 호기심을 잘 간직해야 해요. 우리에겐 이런 작업 방식이 정말 소중하답니다.

2024년 한국의 한 서점에서 열린 강의에서 리서치에 앞서 질문을 수천 개씩 던진다고 말씀하셨죠. 무척 인상 깊은 말이었어요. 그렇게 많은 질문을 떠올리는 게 가능한 일인가요? 저는 좋은 질문만 해야 한다는 강박이 있어서 질문하는 일이 늘 어렵더라고요. 아틀리에 호코에게 질문을 던진다는 건 어떤 의미인가요?

HOKO 우리는 선입견을 없애고 백지 상태에서 시작하기 위해 질문을 던져요. 그래서 종종 터무니없고 바보 같은 질문을 하고 심지어 비슷한 질문을 반복할 때도 있지만 그래도 괜찮아요! 이런 접근 방식이 아니었다면 미묘한 차이를 발견하지 못했을 테니까요.

모든 질문은 답을 찾기 위한 질문인가요?

HOKO 그렇지 않아요. 질문에 곧바로 답할 수 있다면, 그 질문은 버려요. 우리의 질문은 답을 찾기 위한 것이 아니에요. 리서치 주제를 더 깊이 탐구하도록 마음을 열어젖히는 도구죠.

그렇다면 리서치는 어떻게 이루어지나요?

HOKO 우리는 학술 자료나 인터넷 정보에 거의 의존하지 않아요. 우리의 오감에 기대고, 직접 현장에 가서 관찰하고 추론하는 방식으로 리서치를 진행하지요. 이 책을 만들기 위해 일주일간 네 고양이를 밤낮으로 관찰했어요.

두 분은 어떻게 함께 작업하시나요? 일을 확실하게 분담하는지, 아니면 함께 고민하며 작업하는지 궁금해요.

HOKO 『Science of the Secondary』의 경우, 함께 주제를 고르고 각자 리서치를 시작해요. 중간 중간 리서치에서 발견한 것들을 나누고요. 둘이서만 작업하다 보니, 작가가 됐다가 편집자도 됐다가 역할을 번갈아가며 맡곤 해요. 앨빈은 텍스트 전반의 구조와 구성을 보고, 클라라는 이미지의 방향을 잡고 콘텐츠의 전달력을 높이는 쪽에 집중하지요. 책에 실리는 사진은 둘 중 한 명이 찍고, 일러스트나 콜라주도 대부분 직접 만들어요. 전문적인 일러스트가 필요할 때는 친구들과 협업하고요. 디자인과 조판은 클라라가 주도해서 이미지와 텍스트의 전체 레이아웃을 잡고 균형을 맞춰요. 제작 과정에서 인쇄소와 소통하고 마무리 작업을 감수하는 역할도 담당하고요.

예술가로서 고양이를 관찰한다는 것

두 분은 고양이와 같이 살고 있나요? 책을 읽으면서 두 분이 고양이의 습성을 아주 잘 알고 있는 것 같아 놀랐거든요.

HOKO 고양이와 함께 살아본 적은 없지만, 공공장소에 고양이들이 많아서 늘 같이 생활하고 있는 것 같아요. 어쩌면 고양이와 느슨한 관계를 맺고 있다고 하는 편이 적절하겠군요. 본격적으로 리서치를 하면서 고양이의 행동을 이해하게 됐어요. 뒤늦게 앨빈에게 고양이 털 알레르기가 있다는 사실을 알게 돼서 같이 살고 싶어도 그럴 수가 없어요.

고양이를 관찰하는 두 분의 시선이 인상 깊었어요. 연구자도 활동가도 아닌, 예술가로서 고양이를 관찰했기 때문일까요?

HOKO 그렇게 생각해본 적은 없지만, 연구자나 활동가는 아무래도 구체적이고 실용적인 목적을 가지고 관찰하는 경우가 많은 거 같아요. 반면 저희는 그저 관찰했어요. 과학적인 관점이나 그들을 '구하려는' 목적 없이요.

대부분의 고양이 활동가는 고양이에게 문제가 있는지 없는지 살피기 위해 고양이를 관찰해요. 그래서인지 '구하려는' 목적 없이 그냥 관찰하는 태도가 낯설지만 새롭게 느껴져요. 혹시 고양이들의 삶에 개입한 적도 있나요?

HOKO 한번은 클라라가 아픈 아기 고양이를 구조해서 병원에 데려갔어요. 하지만 그 고양이를 계속 돌볼 수는 없는 상황이라 결국 입양을 보내야 했죠. 슬픈 이야기인데… 언젠가 기회가 되면 들려드릴게요.

고양이처럼 살기

본격적으로 책 이야기를 해볼게요. 『고양이는 어디에 살고 있을까』는 프로젝트에서 시작된 책이라고 들었어요. 어떤 프로젝트였나요?

HOKO 싱가포르의 국가 기관인 디자인싱가포르DesignSingapore에서 주최한 대규모 워크숍 프로그램의 일환이었어요. 워크숍에서 초등학생들에게 그들이 사는 주변 환경을 관찰하고 프로젝트 주제를 제안하도록 했는데, 학생들의 아이디어 중 하나가 고양이 집 만들기였어요. 주변을 관찰하면서 길고양이를 자주 마주쳤던 거죠. 처음에는 사랑스러운 호기심과 상상력을 가진 어린이들의 아이디어를 모아서 고양이 집을 더 나은 버전으로 디자인하려고 했어요. 그런데 프로젝트를 진행할수록 고양이에게 집이 꼭 필요한 건 아니라는 생각이 들었어요. 고양이가 집을 원한다고 가정하는 대신, 그들을 관찰하고 실제로 어떻게 사는지 이해해보는 쪽으로 방향을 바꿨어요. 그때쯤 동네에 사는 길고양이들과 제법 친해졌거든요. 특정한 결과를 기대하지 않고 시간을 두고 관찰하면서 무엇을 발견하게 될지 기다려보기로 했어요. 그렇게 단순히 탐구해보자는 마음으로 시작했는데, 점점 더 많은 걸 발견하게 되면서 프로젝트가 예상보다 훨씬 다채로워졌어요. 이렇게 책도 제작하게 됐고요. 책이 나온 뒤에는 지도를 그려서 책과 함께 전시했어요. 교육적인 성격이 강한 프로젝트였던 만큼, 주최 측에서 우리의 접근 방식을 잘 받아들여줬습니다.

책을 만들기로 결심한 계기가 있었나요?

HOKO 고양이들이 사는 곳을 조사하면서 그들의 행동을 드로잉, 사진, 다이어그램 등으로 꾸준히 기록했어요. 자료가 제법 쌓이자 책으로 만들어보자는 생각이 자연스럽게 들더군요.

2011년에 초판이, 2014년에 두 번째 판본이 나왔던데, 특별한 이유가 있나요?

HOKO 워크숍에서 만든 첫 책은 일종의 프로토타입이었어요. 4년 뒤에 정식 출판물을 준비하면서 해외 독자들이 책의 배경을 이해할 수 있도록 싱가포르에 대한 기본 정보, 그러니까 주택개발청HBD 아파트와 보이드 데크에 관한 설명을 추가했어요. 거주 방식을 건축적으로 제안하는 「고양이처럼 살기」도 담았고요. 우리의 작업이 다양한 사람들과 만나길 바라요. 오늘날처럼 국경을 넘나들거나 소통이 수월한 시대에는 현지 독자들만 이해할 수 있는 무언가를 만들며 스스로를 제한할 필요가 없다고 생각해요.

「고양이처럼 살기」는 고양이 관찰 기록이 중심인 앞부분과 달리 인간의 거주 공간에 대한 상상력이 가득하더라고요. 기획 의도가 궁금해요.

HOKO 우리가 사는 공간을 다시 생각해보자고 말하고 싶었어요. 공간이란 모든 것이 갖춰진 네모난 상자가 아니니까요. 전기 콘센트, 창문이나 문의 위치에 따라 텔레비전, 소파, 침대의 배치를 결정하는 건 재미없잖아요. 다른 방식으로 살 수도 있다는 거죠.

제안한 집들을 실제로 지어보고 싶진 않으셨어요? 만약 하나를 고른다면 어떤 집에 살고 싶으세요?

HOKO 처음에는 실현하기 어려운 제안들이라고 생각했는데, 비슷한 콘셉트의 건축 사례를 접하면서 아주 불가능한 일은 아니라는 사실을 깨달았어요. L자형 기둥 집에는 한 번쯤 살아보고 싶어요.

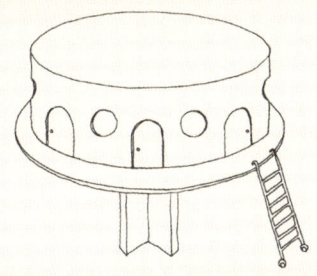

고양이를 관찰하면서 두 분의 삶에 달라진 점이 있는지요?

HOKO 우리의 주거 공간을 세심하게 살피게 됐어요. 고양이처럼 빛의 흐름을 이해한다면, 콘센트나 문의 위치가 아니라 빛줄기를 따라 가구를 배치하고 어떻게 생활할지를 결정할 수 있겠죠.

관찰자의 시선으로 기록하다가 고양이의 마음을 상상해서 채워넣은 듯한 문장도 있었어요. 고양이들의 몸짓과 표정을 보면서 상상한 걸까요?

HOKO 애정을 가지고 살펴보면 고양이들의 감정을 느낄 수 있어요. 그들이 비언어적인 방식으로 우리와 소통하고 있다고 생각해요.

맞아요. 고양이들은 인간과 다른 방식으로 말할 뿐, 우리가 듣고자 하면 그들이 뭘 바라는지 잘 알 수 있죠.
이 책이 나온 지도 벌써 10년이 넘었어요. 그동안 책에 대한 반응은 어땠나요?

HOKO 이 책이 수년 동안 꾸준히 관심을 받으며 여전히 많이 팔리고 있다는 사실이 놀라워요. 책이 다른 방식으로 되살아난 적도 있어요. 2021년 베니스 건축 비엔날레에서, 최근에는 아랍에미리트에서 전시가 열렸어요. 두 지역에서도 동네고양이와 인간이 친밀한 관계를 맺고 있다고 들었는데, 그래서 더 깊이 공감했나 봐요.

싱가포르의 동네 풍경

책에 소개된 싱가포르의 동네 풍경이 신선하게 다가왔어요. 특히, 싱가포르 정부가 제공하는 공영 주택 단지가 인상적이었어요. 한국에도 공공 임대 주택이 있는데 지원 자체가 쉽지 않아요. 집을 거주 공간이 아닌 투자 대상으로 보는 인식이 팽배하기도 하고요. 싱가포르 사람들은 집에 대해 어떻게 생각하나요?

HOKO 싱가포르에서도 공영 주택을 투자 대상으로 보는 사람들이 점점 늘어나고 있어요. 100만 싱가포르 달러(한화 약 10억)가 넘는 공영 주택도 있고요. 공영 주택의 원래 목적을 무색하게 만드는 변화죠.

동네 곳곳을 담은 사진들에서 길거리를 청소하는 환경미화원의 모습이 흥미로웠어요. 호코는 이를 "기묘할uncanny 정도로 청결한"이라고 표현했죠. 재미있는 표현이에요.

HOKO 싱가포르 사람들은 환경미화원에게 엄청나게 의존하고 있어요. 누군가 금방 치워줄 거라 생각하고 공용 구역에 가구나 쓰레기를 무단으로 버리는 일도 비일비재해요. 이는 환경미화원에게 부당한 부담을 지울 뿐 아니라 도시는 늘 깨끗하다는 착각을 낳죠.

이 책에 소개된 동네는 국가가 계획하고 관리하는 공간이자, 인간과 고양이가 함께 만들어가는 공간입니다. 책에서 중요하게 다뤄지는 '보이드 데크'도 철저하게 계획된 공간이면서 인간과 고양이가 각자의 방식으로 사용하는 열린 공간인데요. 한국에도 아파트 단지에 보이드 데크 같은 공간이 있지만 싱가포르처럼 의도적으로 계획된 것인지는 모르겠어요. 주민들의 모임 장소로 쓰이는 경우도 드물고요. 싱가포르의 보이드 데크에 대해 조금 더 설명해주세요.

HOKO 싱가포르는 연중 기온이 19~32도인 열대 기후 국가예요. 덕분에 일 년 내내 인간과 고양이가 보이드 데크에서 시간을 보낼 수 있죠. 겨울철에도 추위를 피해 따뜻한 집 안에만 머물 필요가 없으니까요. 보이드 데크에는 기둥 외에 다른 벽이나 구조물이 없어서 바람이 잘 통하고 시원해요. 주로 동네 어린이들이 모여 놀거나, 어르신들이 자주 나와 계시죠. 집 안에만 있기 답답하니까요. 장례식이나 결혼식 피로연, 마을 회의가 열리는 공간이기도 하고요. 날씨가 허락하기에 만들어질 수 있었던 다목적 공간이라고 할 수 있겠네요.

보이드 데크를 중심으로 주민들이 교류하고 연결되는 모습이 기억에 남아요. 책이 나오고 십여 년이 지난 지금도 여전한가요?

HOKO 땅이 점점 부족해지면서 공공 주택을 높게만 짓고 있어요. 보이드 데크는 이제 거대한 기둥으로 가득해요. 높은 건물을 지지하려면 기둥이 많이 필요하겠지만, 동시에 폐쇄적인 공간이 형성되면서 고양이들이 편하게 지내기 어려워졌죠. 인간 주민들도 예전만큼 모이지 않고요. 그저 지나다니기만 하는 통로가 되어버렸어요.

고양이를 당연하게 여기는 것 같아요. 늘 곁에 있지만 특별히 의식하지는 않는 한 식구처럼요.

싱가포르에도 고양이를 괴롭히는 사람이 있군요. 고양이 학대에는 어떻게 대처하나요?

HOKO 안타까운 일이지만 싱가포르에도 고양이를 학대하는 사람이 있어요. 고양이 학대는 불법이고, 고양이를 보호하는 법도 마련되어 있지만, 완벽하지는 않아서 모든 고양이가 안전하게 보호받지는 못해요.

인간과 고양이가 잘 살아가려면 무엇이 필요할까요?

HOKO 인간이 비인간동물보다 우월하지 않다는 걸 깨달아야 해요.

마지막으로 한국의 독자들에게 전하고 싶은 말이 있나요?

HOKO 인간의 세계는 수많은 다른 세계들에 포개져 있는 작은 일부일 뿐이라는 말을 전하고 싶어요.

싱가포르의 동네고양이

한국의 여름은 찌는 듯이 무덥고, 겨울은 너무나 추워요. 고양이에게도 집이 필요한 날씨죠. 싱가포르의 날씨는 한국의 여름과 비슷한 것 같아요. 한국의 고양이들은 날씨 때문에 고생이 많은데, 싱가포르의 고양이들은 어떤가요?

HOKO 싱가포르의 고양이들은 활동량이 굉장히 적어요. 날씨에 지쳤거나 고양이 대부분이 중성화 수술을 받았기 때문인 것 같아요. 욕구나 활동력이 강하지 않고 느긋하지요.

동네에서 인간과 고양이의 관계는 어떤가요?

HOKO 인간과 고양이가 평화롭게 공존하지만, 모두가 고양이를 두 팔 벌려 환대하지는 않아요. 별다른 생각이나 감정 없이 받아들이는 것 같달까요. 고양이에게 밥을 주거나 가끔 고양이를 괴롭히는 사람을 빼면, 사람들 대부분은

연민을 거두면 비로소 보이는 것들

입춘이 지났건만 영하 10도에 육박하는 혹독한 날씨가 계속되고 있다. 지금쯤이면 누구보다 간절히 따스한 봄을 기다리고 있을 거리의 고양이들을 떠올린다. 이 계절에 만나는 고양이들은 하나같이 몸을 잔뜩 웅크린 채 입을 악다물고 있다. 긴장한 얼굴을 하고 재빠르게 시야에서 사라지는 그들. 그때마다 연민이라는 감정에 빠지는 나. 그런데 이 책은 그들에 대한 연민을 거두면 무엇이 보이는지를 묻고 있다.

동남아시아의 도시국가 싱가포르의 연평균 기온은 영상 27.8도. 겨울에도 기온은 크게 달라지지 않는다. 이곳에 사는 길고양이들에게 겨울은 어떤 느낌일까. 이 책을 읽고 부러운 점이 두 가지 있었다. 하나는 이 책의 저자인 앨빈과 클라라가 보여주는 여유 있는 태도, 또 하나는 책에 등장하는 네 고양이 시스터, 화마오, 프렌드, 고마의 아파트에서의 느긋한 삶.

변화무쌍한 계절에 맞서며 살아가는 우리의 삶은 쫓김의 역사이다. 봄이 되면 곧 여름에 쫓기고, 여름이 되면 가을에, 또 겨울에 쫓기는 분주한 삶. 게다가 자연의 변화를 압도하는 재개발과 재건축의 속도. 그로부터 야기되는 피난민의 삶. 매 순간 전쟁인 삶에서는 연민만이 득세한다. 강한 자기 연민은 삶을 지탱하는 필수 조건이 된다. 자기 연민이 깊어지면 다른 존재도 연민의 시선으로 바라보게 된다. 그런데 그 연민에 가려져 보이지 않는 것이 있다. 『고양이는 어디에 살고 있을까』는 연민을 거두고 열린 태도로 다른 존재를 관찰하면 어디에 다다를 수 있는지 보여준다. 보고서 같은 책이지만, 읽다 보면 피식 웃게 되는 농담이 곳곳에 숨어 있다. 아틀리에 호코가 추구하는 무용성의 미학, 힘 빠짐의 예술이 이 책에서도 잘 드러난다.

이 책의 원제는 『HABIT©AT』. 서식지를 뜻하는 영어 단어 'habitat'에 고양이 'cat'을 슬쩍 끼워 넣었다. 제목이 보여주듯 싱가포르 길고양이 생활 보고서이지만, 서브 텍스트로서 도시 아파트의 건축적 요소를 재배치하는 연구 보고서이기도 하다. 필로티 구조의 아파트 한 동을 중심으로 고양이들이 생활하는 모습이 손에 잡힐 듯 다가온다. 놀랍게도 저자들은 고양이에게 무리해서 가까이 다가가지 않는다. 명분이나 목적은 희미하고 연민은 물론 어떠한 극적인 감정도 싣지 않은 채 고양이가 아파트에서 어떻게 살아가는지를 바라보고 기록했다. 그러자 비로소 많은 것이 보였다.

나는 서울 강동구 둔촌주공아파트의 재건축 과정에서 서식지를 잃은 고양이 수백 마리를 구조하는 활동가들에 대한 다큐멘터리 영화를 제작한 적이 있다. 영화를 만들면서 수도 없이 많은 고양이를 촬영했다. 그때는 고양이들을 구조하느라 아파트의 구조나 고양이의 생활을 자세히 들여다볼 여력이

없었다. 고양이들이 둔촌주공아파트의 무엇을 좋아하는지 충분히 생각해보지 못했다. 뜨거운 감정으로
고양이를 구조하던 당시에는 잘 보이지 않았던 무언가가 이 책에 담겨 있다. 그때 보았던 고양이들이
이제야 다른 의미로 다가온다.

고양이들은 어느 곳에나 있다. 고양이가 왜 거기에 있는지 질문하지 않았다는 것이 미안해진다. 도로와
인도를 가르는 도로경계석에 기대앉아 있던 고양이들을 자주 보았다. 그렇다. 고양이들은 어딘가에 기대는
것을 좋아했다. 적으로부터 뒤쪽을 보호하기 위해 등을 기대고 있다고는 생각하지 못했다. 고양이들이
아파트의 작은 요소들을 어떻게 이용하고 있는지 그다지 관심을 가지지 못했다.
이 책은 아파트 배수로, 계단, 나무와 덤불, 필로티 기둥과 자동차 아래까지 도시의 여러 요소를 고양이의
시각으로 다시 바라보게 한다.

고양이는 "자신을 둘러싼 공간의 미묘한 차이를 포착하고, 주변 환경이 주는 '선물gift'를 기가 막히게
찾아"낸다고 작가들은 말한다. 어디서 햇볕을 쬐고, 어떻게 번잡한 시간을 피해 여유 공간을 확보해야
하는지, 언제 먹이가 보충되는지 고양이들은 알고 있다. 거대한 도시에서 그저 부속품처럼 살아가는
인간은 고양이의 거주 방식에서 배울 점이 참 많다. 작가들은 여기서 그치지 않고 고양이들에게 영감받은
것들을 적극적으로 반영해 어디서도 본 적 없는 독보적인 주택을 상상하기에 이른다. 그 주택들에 효용이
없으면 어떤가. 보는 것만으로도 웃음을 멈출 수 없는데.

고양이는 피사체로서 더할 나위 없이 아름답고 우리와 기본적인 의사소통이 가능할 정도로 영리하고
현명하다. 게다가 길고양이 촬영에 초상권은 없다. 덕분에 고양이는 전 세계 작가들의 작업 주제이자 연구
대상으로 주목받고 있다. 한국에서는 언제쯤 이런 책이 나올 수 있을까. 『고양이는 어디에 살고 있을까』는
나와 고양이의 관계에 치중하는 서사가 아니다. 내가 사는 도시의 미래를 고양이의 눈으로 상상하게
만드는 책이다. 멀찍이 떨어져 클로즈업 없이 고양이들이 사는 모습을 관찰할 뿐이다. 매 순간 열대성
유머를 잊지 않으면서 말이다.

거리에서 고양이를 볼 때마다 어디에 살고 있는지 묻곤 한다. 조금 더 친해지면 어떻게 여기에서 살게
되었는지 묻는다. 고양이들은 답해준 적이 없는데 책 속에서 그 답을 찾았다.
낙하산을 타고, 버스를 타고, 배를 타고, 지하도를 통해….

정재은 | 영화감독. 「고양이를 부탁해(2001)」, 「고양이들의 아파트(2022)」

고양이는 어디에 살고 있을까

싱가포르 길고양이 동네 관찰 보고서

초판 1쇄   2025년 5월 16일

지은이   아틀리에 호코
옮긴이   심예진

펴낸이   김경진
편집   심예진, 전은재
감수   백승한
디자인   봉우곰스튜디오
펴낸곳   프레스탁!
등록   2021년 04월 29일 제 2024-000191 호
주소   서울 마포구 신촌로2길 19, 마포출판문화진흥센터 오픈오피스 42호
이메일   magazine.tac@gmail.com
인스타그램 instagram.com/magazine.tac
블로그   blog.naver.com/presstac
X(트위터) @MagazineTac

한국어판 ©프레스탁! 2025
ISBN 979-11-974940-7-9 (03100)

♣   이 책 내용의 전부 또는 일부를 재사용하려면 반드시 아틀리에 호코와 프레스탁! 양측의 동의를 받아야 합니다.

♣   이 책은 텀블벅에서 159명의 후원을 받아 제작되었습니다. 후원해주신 모든 분께 감사드립니다.